Un Temps - Numéro 4 avril 2019   **La Fécondité**

Un Temps N°4

ISBN : 978-2-9567144-3-9

SOMMAIRE

ÉDITORIAL 3
Charles Imbert

LA FÉCONDITÉ 6
Yves Le Maître

LA MISOGYNIE 18
Charles Imbert

FÉCONDITÉ, MATERNITÉ 31
Christine Clémino

**LA GRANDE DÉESSE MÈRE
ET SON OCCULTATION** 36
Eric Hermblast

LA SHAKTI 50
Jean-François Henry

LE SEXE DES ANGES 64
Michel Barster

ACTUALITÉS 77

**LA FÉCONDATION
PAR LE RAYON DIVIN** 82
Yoann Lamant

ÉLOGE DU YIN 102
Eulalie Steens

CRITIQUES LITTÉRAIRES 101

CHARTE DES CONTRIBUTEURS 106

EN CONCERTATION AVEC ECLOSION, NOTRE EDITEUR :

Un Temps est une revue à périodicité aléatoire (trimestrielle ?), qui comptera au moins un numéro par an, selon son gré et ses envies.
Les Contributeurs de *Un Temps* ne s'obligent à rien, sinon à la plus haute qualité qu'il soit possible de donner à leurs apports.
En conséquence de notre liberté, il n'existe pas et n'existera pas d'abonnement(s).
Un Temps sera annoncé sur le Site internet d'Eclosion, et sur différents supports. Ce sera au lecteur d'aller se renseigner au cas où il penserait qu'un nouveau numéro a pu sortir. C'est peut-être anti-marketing, mais la qualité est à ce prix. Nous considérons que l'acte d'Achat d'un lecteur est un acte unique.
De même, chaque numéro est un acte unique.

Un Temps est édité par **Eclosion**
10, rue du Fort, 62124 Barastre.
Site Internet : www.eclosion-shop.fr
Adresse mail : postmaster@eclosion-shop.fr
Dépôt légal printemps 2019

Comité de rédaction : Charles Imbert, Yves Le Maître, Serge Fosse, Michel Barster.

Thèmes des prochains Numéros :
Été 2019 : Méthodologies
Automne 2019 : La Santé
Hiver 2019 : Le Temps

ÉDITORIAL

Comment boucler la quatrième saison avec un thème quelque peu complexe.

Ce numéro paraît au Printemps, ce que nous avions bien vu il y a un an, en établissant les thèmes futurs de nos premiers travaux. La Fécondité, l'année dernière, nous semblait devoir porter de futurs articles sur le Féminin Sacré, sur le renouveau des pensées sur la place de la femme dans nos sociétés – au moins occidentales. Comme pour tous les projets, nous avons vu les possibilités enfler et décroître, se métamorphoser, parfois reparaître. De plus, nous voulions dès le départ publier des interviews ; nous avions interviewé une figure majeure de la scène du Féminin (l'interview fut menée, transcrite, corrigée), jusqu'à ce que le destin dise clairement que ce ne serait pas possible. Le Féminin ? Il est peut-être l'émanation première de la Fécondité (voir nos articles). Cet interview n'aurait cependant pas évoqué les problèmes d'aujourd'hui, depuis le début de la prise de conscience féministe – parfois radicale, on s'en souvient –, et les évolutions reprenant les éternels clivages de l'inné et l'acquis (naît-on femme ou le devient-on ? etc.). Nous ne descendons pas sur ce terrain, de fait.

Certes, d'autres actrices premières auraient pu intervenir : dès que le numéro a été bouclé, et bien sûr, des propositions autres sont arrivées. Comme d'habitude, nous avons dû renoncer à amplifier, et dû continuer sur notre lancée. Nous nous en excusons, et envisageons de revenir en prolongation sur ce sujet, comme nous l'annonçons à chaque fois qu'un de nos numéros paraît. Mais *Un Temps* ne sera pas pour autant une revue radotant sur des redites....

La Fécondité avait de toute façon fort à faire pour vivre de sa propre énergie et tenter de nous déborder de tous côtés. Avec elle, sous ses aspects universels, nous savions aussi que nous allions devoir traiter de la sexualité, dans ses aspects les plus profonds. Oui, il y avait les très anciens contenus symboliques et mythiques, et aussi la Féminité (qui n'aura pas été spécifiquement abordée cette fois dans nos pages), ou encore les rapports de la beauté féminine, et de la séduction, thème pour lequel nous avons longtemps espéré un article, qui s'est dérobé, car certaines choses trop importantes, ou trop secrètes, finissent par retourner derrière le voile d'Isis après s'êtres annoncées et laissées attendre.

Ainsi, vous aurez un cocktail d'articles couvrant l'éventail des problématiques. En premier, Yves Le Maître parle d'entrée de jeu des mécanismes et stratégies parfois techniques de la Fécondité, regard sur la manière dont la Nature, calculatrice, sait agencer le surgissement de la vie.

Suivra mon propre article sur la Misogynie, dont j'ai rejeté la formalisation sur des inventeurs, comme si elle avait besoin d'inventeurs et de fautifs premiers : je reste ennuyé de ne pas avoir davantage insisté sur les horreurs toujours de nos temps perpétrées sur les femmes, et dont le meurtre des bébés filles en Inde n'est qu'une des atrocités les plus visibles. Nous sommes de toute façon d'accord sur la dénonciation du révoltant et du barbare, et tout catalogue risquant d'être non exhaustifs, je me suis consolé en songeant que j'avais parlé du plancher, du terrain fertile de la Misogynie et de ses conditions d'éclosion.

En beaucoup plus épanouissant et doux, vous trouverez ensuite la relation par Christine Clemino de son chemin de maternité. Non, l'accouchement ce n'est pas seulement la peur de la césarienne, l'attente de l'hélicoptère seul capable d'emmener une parturiente depuis une zone montagneuse jusqu'au dernier hôpital de la région, suite à la fermeture des petites unités. Foin de discours de la peur sur le moment où nous tous venons au monde : l'arrivée d'un enfant se fait aussi dans la joie et l'extase.

Eric Hermblast s'est occupé de la Déesse Mère, celle qui était Dieu avant que Dieu ne devienne un homme (En fait, c'est Zeus qui a survécu, mais qui le sait ?). Il aurait voulu, m'a t-il dit, pouvoir reprendre des extraits de ce que j'ai publié dans mes propres *Cultes à Mystères* à propos de Déméter, mais il se sera rattrapé avec deux critiques d'ouvrages fondamentaux sur la Déesse.

Par prolongation, Jean-François Henry (dont l'épouse nous a confié, par bonheur, notre superbe illustration de couverture, car elle est peintre renommée et côtée) s'est attaché à nous exposer que la puissance divine est d'essence féminine. Son article sur la Shakti est lui aussi parcellaire (j'ai eu l'occasion de connaître ses travaux – qu'il garde confidentiels, tirés à peu d'exemplaires – sur la Femme Divine, entre autres), et il aurait pu remplir à lui seul ce numéro en entier.

Evidemment, une telle sublimation du propos ne pouvait aboutir qu'à des considérations éthérées, et Michel Barster a abordé le sexe des anges, problème toujours non résolu, à ce qu'il semble (des échos ont déjà approuvé la conclusion réservée de notre auteur, autant le dire).

Bondissant plus avant, Yohann Lamant nous gratifie d'une échappée onirique sur la fécondation par la lumière et 24 couleurs ou rayons.

Encore plus loin, Eulalie Steens, très présente dans les critiques littéraires de ce numéro (les autres contributeurs semblent ne pas lire beaucoup ?) nous emmène considérer la situation de la femme en Chine, évoquant les luttes de femmes puissantes, qui, dès qu'elles ont le pouvoir, l'exercent avec toutes les facettes de leurs prérogatives. Certaines féministes engagées avaient, aux les années passées, découvert le comportement parfois abusif de femmes parvenues à la direction suprême, conduite bien éloigné des tableaux à la Sissi l'Autrichienne, et décidé que ça ne pouvait pas être possible, car non féminin. Hélas, la femme est une louve pour la femme.

Un Temps - Numéro 4   avril 2019

La Fécondité   5

Mais alors, la Fécondité ? N'aurions-nous fait que tourner autour du mot, sans l'aborder de front ? Oui, il faudrait en dire un peu plus…

La Fécondité ? Elle concerne une capacité vitale à porter fruit, non seulement biologiquement, mais symboliquement (le Nil déclenchant la fertilité de l'Égypte). Si Phanès-Eros est le premier dieu chez les Orphiques, Kâma en Inde est le dieu du désir, et lui aussi utilise des flèches pour distribuer l'Amour, cette attraction universelle, et c'est le désir, l'inverse de la peur, qui assure le premier pas de la fécondation. Nous bouclons ce numéro sous les auspices du Printemps, et dans l'hémisphère nord, une gigantesque vague de vie se répand, féconde, fertile…

La Fertilité et la Fécondité sont deux concepts qui ne s'opposent pas, mais se complètent. La Fertilité fait référence à l'acte de rendre fertile, fertiliser, de manière active ; c'est à dire en fait de rendre capable de fécondité. La Fécondité, par contre, est une capacité entière, même si elle est passive, à donner des fruits multiples (un grain de blé donnant un épi de huit grains, c'est un gain de 800%). Les hommes se définiront comme fertiles (mille spermatozoïdes sont créés à chaque battement de cœur), capables de *déclencher la Fécondité*, c'est à dire la fabrication, l'élaboration de l'œuf.

Par un glissement de sens curieux (mais pas tant, quand on reagrde les rôles actif / passif des deux mots), on parlera de "Déesses de la Fertilité", et non plus de "Déesses de la Fécondité", bien que sans doute, à l'origine (au néolithique, il y a 8.000 ans), des cultes agraires aient pu localement glorifier celles-ci. Un autre glissement de sens est la définition de la propriété chez les Romains, ce dont on peut user, abuser, et faire fructifier (utere, abutere, fructere) : la Fécondité se voit confisquée dans un usage, qui la définit. La Fécondité se voit parce qu'elle est en train de porter des fruits. Si au départ elle est symbolisée, chez Déméter (qui sera latinisée en Cérès) par la banne des récoltes d'épis, ou le panier contenant les grappes, ce récipient donnera la corne de fortune, illustration d'une inépuisable abondance.

La Fécondité n'est pas sans appeler ou rappeler les trois stades freudiens : manger, être mangé, rejeter. Elle mange la graine, elle rejette des bénéfices, et alors elle est consommée. Trois actes correspondant aux fêtes des semailles au Printemps, aux fêtes des récoltes en Été, et aux fêtes d'action de grâce, en Automne.

Nous n'aurons pas parlé de l'auparavant de la Fécondité (le désir ?) ni de son après (c'est un mystère). Mais si la Fécondité c'est la Vie…

A chaque fois que nous abordons un sujet, à *Un Temps*, nous avons deux mois (plus un mois de fabrication, avec repentirs et corrections) pour visiter toutes les directions du thème proposé pour le numéro en cours. Notre volonté, vous l'avez remarqué, à présent que nous avons couvert notre première année avec quatre numéros, n'est pas tant de faire le point ou l'état des lieux que de proposer des éclairages nouveaux, des aperçus personnels ou même inédits. Aventure à suive…

Charles Imbert
Rédacteur en Chef

LA FÉCONDITÉ

Une force organisatrice du vivant poussant autant vers la variabilité génétique qu'à l'expression de l'Amour.

Yves Le Maître - Ingénieur Expert en Sécurité Incendie

Nous avions d'abord envisagé de faire un numéro sur la Féminité, pour le printemps 2019. Le problème à notre époque obscure et troublée, c'est que la Féminité est toujours un sujet à problème.

Le fait qu'un homme, donc de type masculin, puisse évoquer la Féminité est à la limite de la transgression vis-à-vis des femmes, et bien pire encore vis-à-vis des féministes. A notre époque, la Féminité n'est que rarement vue pour ce qu'elle est, c'est-à-dire un aspect de la nature. Elle est décrite comme une composante opposée à des courants de pensée ou des pouvoirs économiques ou politiques, par nature masculins et donc néfastes.

Ce déni est une composante de l'ensemble des dénis conjugués qui prétendent que l'humanité est une finalité en soi, ce qui consiste en un déni du point fondamental de la nature, et qui est commun à toutes les idéologies, modèles économiques et jusqu'à certaines religions qui prétendent que leurs adeptes sont « élus ». Ce point fondamental étant bien évidemment la croissance spirituelle, qui régule et dirige l'univers dans son ensemble.

Au final, en ce qui me concerne, j'ai préféré tourner le dos à la question de la Féminité plutôt que de m'enfermer dans des débats stériles sur la domination masculine, qui s'oppose au prétendu miracle intrinsèque de la Féminité.

Plutôt que de stérilité, nous parlerons donc d'un des éléments fondamentaux de la nature, à savoir la Fécondité, qui est un miracle authentique.

Car il est nécessaire de mettre en évidence que la Fécondité fait partie de la croissance spirituelle comme principe d'abondance facilitant la création et toutes ses applications possibles.

La séduction est un préalable à la Fécondité chez les êtres les plus évolués...

Sur le plan biologique, la Fécondité se manifeste par la mitose, ce processus commençant immédiatement après la fécondation. La mitose consiste en la division cellulaire commune à tous les êtres vivants pour assurer leur reproduction et leur croissance, et le renouvellement des cellules durant leur existence.

La mitose se déroule en plusieurs phases, la première consiste en la duplication des chromosomes (prophase).

Puis, tous les chromosomes sont concentrés à l'équateur de la cellule (métaphase).

Continuant sa croissance, la cellule procède à la division en deux exemplaires identiques des chromosomes, qui se situent à ce moment à l'équateur de la cellule, puis une fois divisés, les deux chromatides (ensemble complet de chromosomes) se dirigent vers la périphérie, en étant opposés l'un à l'autre (anaphase).

L'enveloppe de la cellule va ensuite se reformer autour des chromosomes formant l'ADN, qui se dispersent à ce moment. La membrane qui contient et protège la cellule commence sa division, tel un anneau entourant l'équateur de la cellule et se resserrant progressivement (télophase).

La séparation en deux permet la croissance individuelle de chacune des nouvelles cellules, et le cycle recommence. Après la phase de croissance la reproduction des cellules est plus lente, et devient progressivement imparfaite, une fois la croissance de l'individu finalisée, l'ADN étant progressivement abîmé par les agressions extérieures et intérieures de toute sorte.

Ceci évoqué, pour l'observation académique de la reproduction cellulaire déclenchée par une fécondation. Nous observerons ensuite

L'œuf étant une cellule, celle-ci a besoin du stade de la poule pour échanger des informations sur sa variabilité génétique, avant de pouvoir donner naissance à d'autres œufs (ici, photo d'une cellule de poule)... Photo : Eclosion

que la Fécondité met en jeu tous les facteurs disponibles pour se réaliser.

La séduction est un préalable à la Fécondité chez les êtres les plus évolués, car celle-ci favorise ou déclenche les processus hormonaux ou psychologiques permettant la reproduction des sujets concernés.

La séduction est un atout pour la nature. En quoi consiste-t-elle, sinon en l'utilisation de la beauté, souvent codifiée sous différentes formes ? Ce sont des chants et des parades, des odeurs, des couleurs et des caresses. Tous les sens physiques sont mis en jeu pour créer un signal, qui va générer une stimulation et un changement de comportement. On peut déjà y voir d'une certaine façon un état modifié de conscience chez les êtres en phase d'accouplement.

se développer en instruisant le corps biologique

Il est souvent confondu Amour et Fécondité, et cette confusion est pleine de sens, car la Fécondité fait partie intrinsèque de la réalité, et la réalité est amour. La prolongation du processus de vie qu'est l'amour passe par la Fécondité, et la transmission de la vie est, en principe, une expérience d'amour. Les êtres malades qui détruisent leur descendance, physiquement ou psychiquement, sont un contre-exemple méritant d'être étudié sous cet angle, à savoir le rapport à la Fécondité. Certaines espèces animales détruisent la descendance d'espèces proches, mais pour mieux asseoir leur domination, et notamment leur domination génétique.

La transmission du génome fait partie des impératifs de la création. Ainsi, on peut même observer que les êtres chétifs, ou consanguins sont rejetés par leurs congénères. L'héritage génétique est le pendant de la Fécondité. Or l'héritage génétique est aussi la somme des acquis des générations précédentes, et particulièrement celle de l'individu se reproduisant. Nos choix et nos actions durant notre existence viennent modifier ce patrimoine.

Si la Fécondité est fonctionnelle, elle devient alors fertilité, leurs représentations sont perçues comme des symboles de vie. Ainsi, au Japon on célèbre le phallus lors des cérémonies du phallus de Fer. En Inde, c'est la « *Kumbh mela* », qui signifie Fête de la Cruche, qui se passe au printemps, au moment des semailles. La matrice est ici symbolisée par une cruche, et elle a pour fonction de recevoir des graines trempées dans son eau, à une période où cette dernière peut purifier les hommes de tous leurs péchés. La signification symbolique n'est pas difficile à voir. La nature prévoit de renouveler toute chose, et sa générosité est sacrée.

Les Hommes se sont penchés de longue date sur le miracle de la transmission de la vie. La symbolique sacrée touchant à la permanence de la vie, et donc de la Fécondité, se retrouve partout.

Le processus de la mitose, expression matérielle de la Fécondité, peut être représenté de manière schématique, par de simples dessins.

Si la cellule est un univers en soi, il s'agit d'un globe, que l'on représente par un cercle :

Lorsqu'elle est divisée en deux, la cellule peut être dessinée comme suit :

Ce symbole se trouve un peu partout dans différentes cultures. Il est détectable au pendule

La Fécondité

Statue de Kamakura, Japon. Photo Dirk Beyer. Travail personnel, https://commons.wikimedia.org

Le taiji-tu (symbole Yin-Yang et le *Floram patere* (fleur exposée, hexagone étoilé). Infographie Eclosion

au nombril des mammifères, et à la base des plantes, lorsque la tige ou le tronc sort du sol.

Le bouddha, c'est-à-dire l'être éveillé selon les Bouddhistes, est parfois représenté avec les deux mains en forme de cercles et se touchant au niveau du nombril. Cette position est issue des mudrâs, ou yoga des mains, cette position se nomme *Dhyâni-Mudrâ*, ou mudrâ de la méditation.

De ce double cercle, on peut donner naissance à deux autres symboles bien connus :

En Occident comme ailleurs, la quasi-totalité des symboles sacrés font directement référence au double cercle ; le symbole mathématique de l'infini, inventé en 1655 par John Wallis étant le plus visible dans notre monde moderne, avec le nombre 8. (1, 2, 4, 8 – croissance de raison 2, comme la multiplication cellulaire)

Cette symbolique, d'apparence simple et très formelle, raisonne en réalité bien au-delà des apparences. Car qui dit formes, dit ondes de formes.

Les ondes de formes constituent un champ d'investigation sans limite, dont les règles sont difficiles d'accès, et la mesure particulièrement délicate, ce pourquoi leur validité est souvent contestée, et d'ailleurs contestable***.

Cependant, les effets physiques sont parfaitement observables, pour peu que l'on applique sur une durée suffisante les émetteurs en relation avec elles.

Et de fait, la plupart des symboles religieux émettent en onde de forme le symbole du double cercle. Leurs effets sont vastes, le sujet complexe. Nous retiendrons pour cet article le lien qui nous semble évident avec la conception de Rupert Sheldrake des champs morphogénétiques, qui ramène à l'invisible l'organisation du vivant.

Les champs morphogénétiques président à l'organisation de toute chose, ils constituent une mémoire immatérielle qui permet aux organismes vivants de se maintenir. Il y a lieu de rapprocher cette idée de celle des archétypes, qui participent de la même conception de l'univers.

A partir de cette notion, il est aisé d'aller plus loin, en considérant que la matière est l'expression réduite et diminuée d'une réalité beaucoup plus vaste.

Et nous en voulons pour preuve que la Fécondité est un principe élémentaire du développement de la conscience, tout autant que des organismes vivants. La créativité, l'imagination et la mise en œuvre des idées permet à la conscience de se construire et de de se développer en instruisant le corps biologique, lui-même issu de la Fécondité.

Cela va plus loin, sur le plan horizontal, il est décrit par les auteurs et chercheurs dans le domaine des ondes de formes quatre directions émanant par exemple des troncs d'arbre, émettant 4 fois le double cercle, dans ce cas appelé « nœud de vie » mais suivant des phases de charge ou de décharge, précisée par des doubles traits.

Elles se symbolisent comme suit :

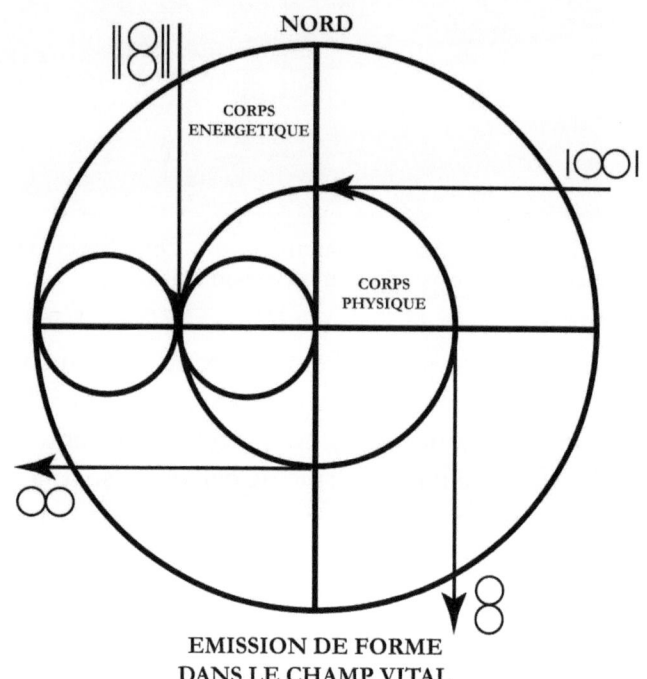

EMISSION DE FORME
DANS LE CHAMP VITAL

*** Bien que décelées et corroborées par différents chercheurs sur un phénomène, leur nature restant sujette à caution, on préférera de nos jours parler, entre puristes, « d'émissions dues aux formes ». Note De La Rédaction.

De cette représentation, on peut en déduire celle-ci :

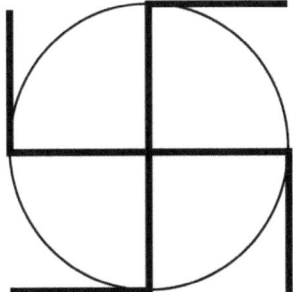

Ce symbole, quasi universel et remontant à la préhistoire, a toujours été utilisé comme un symbole d'équilibre. Sa connotation est positive et ne doit rien à un certain régime politique datant du début du XXe siècle.

A ce symbole, il faut en ajouter un dernier : le tétramorphe. Ainsi répartis sur les quatre branches, les quatre signes – Taureau, Lion, Scorpion (Aigle en Mésopotamie, *ndlr*), Verseau – agissent en tant que gardien de l'équilibre vital et garantissent la Fécondité du monde.

Puisque le développement des organismes vivants suit une logique de croissance de raison 2, avec un doublement du nombre de cellules à intervalle de temps décroissant, c'est que la Fécondité suit donc des règles mathématiques, et pour être plus exact, géométrique. Ces règles géométriques ont fait l'objet de recherches, de spéculations de toute sorte, notamment sur le Nombre d'Or et sur Pi, avec une volonté de décryptage de la réalité avec une grille de lecture permettant d'en comprendre tous les aspects.

Toutes ces voies sont des échecs, même relatifs. Personne n'a jamais réussi à créer la vie à partir d'une analyse mathématique, fut-elle considérée comme sacrée ou en lien avec le sacré. On ne peut que transmettre la vie, c'est précisément là le rôle de la Fécondité. La vie ne peut être produite à partir de quelque chose, c'est pour cette raison que le débat de la poule ou de l'œuf comme début de toute chose est absurde. En réalité, la vie est intrinsèque à la matière, et la Fécondité en permet la progression jusqu'à aboutir à la conscience.

Pour comprendre la Fécondité, il faut en voir la générosité, la gratuité d'un miracle permanent dont la cohérence peut surprendre l'observateur le plus aguerri. Ainsi, la nature qui est par essence collaborative, fait feu de mille et une solutions pour parvenir à se développer. La sexualité s'est trouvée des voies infinies pour faire aboutir la reproduction, et l'efficacité d'un système de reproduction se mesure par l'importance de sa Fécondité. Plus avant, la régularité des saisons assurant le renouvellement des ressources alimentaires, celles-ci vont venir relier celles des cycles de reproduction, parfois à la seconde près.

Pour s'assurer d'une Fécondité efficace, et dans un génie sidérant de ressource, la nature produit aussi des insectes pollinisateurs dont l'observation ne cesse de nous émerveiller, à savoir les abeilles.

C'est aussi l'observation de la Fécondité qui émerveille le sage et l'éclaire sur le sens de la nature. La multiplication des ressources et des moyens pour à la fois permettre la Fécondité et simultanément la protéger de dérives potentielles doit nous éclairer sur l'évidence d'une dynamique logique et immuable.

L'observation des différentes espèces vivantes et leur système de reproduction, leur croissance et particulièrement leur variété nous indiquent que le milieu terrestre est particulièrement favorable à la vie, et donc fécond, à la différence visible des autres planètes du système solaire, même si certaines planètes ou satellites contiennent des bactéries.

Les conditions particulières de la sphère terrestre, idéales pour le développement d'organismes vivants sont à ce point idéales qu'elles en sont surprenantes. Pour permettre à cet ensemble global de produire dans la durée de la vie organique, il faut des conditions multiples, dont le taux de gravité issu directement de la masse de la planète et de la gravité engendrée par les noyaux atomiques, les vitesses de rotation et de révolution garanties notamment par le truchement des autres planètes, et particulièrement Jupiter qui agit comme régulateur de l'ensemble du système solaire.

Il faudra aussi prendre en compte les composants atomiques et leur proportion dans l'ensemble des composés sur la périphérie de la planète, sachant qu'il existe des planètes composées essentiellement de méthane, par exemple. Avec cela, il y aura encore la distance avec le soleil en accord avec sa puissance, la présence d'un champ magnétique pour en réguler les effets, les propriétés physiques permettant les réactions chimiques qui assurent toutes les fonctions du vivant, et chose plus surprenante encore, les facultés des différentes bactéries et leur collaboration essentielle et quasi idéale avec les êtres vivants, végétaux ou animaux.

Mais pourquoi donc sont-elles si bienveillantes dans l'ensemble ?

Cela fait beaucoup trop de conditions, pour ne pas en admettre la finalité initialement définie : la Fécondité doit être possible pour permettre l'élaboration de la conscience.

La Fécondité permet la transmission de la vie, et la vie est féconde pour permettre à la conscience de s'éveiller sous cette forme particulière qu'est la réalité matérielle.

---

*On peut ainsi parler
d'intelligence féconde
au sein même de la matière*

C'est le développement géométrique des organismes vivants, et leurs diverses formes qui permet d'envisager par ailleurs une structure plus vaste sous-jacente à toute forme de réalité.

Le mouvement pythagoricien n'étudiait pas autre chose que les liens entre l'ensemble des lois géométriques et des phénomènes vivants, dont la migration des âmes.

On constatera que le nombre de cellules double à chaque cycle, c'est donc une croissance de raison 2, que l'on peut traduire par une spirale, parfaitement décrite par la coquille d'escargot.

Au-delà du sujet de la reproduction des organismes vivants, de leur pérennité et de la perpétuation des espèces, la Fécondité s'exprime sous de multiples formes. Il est intéressant d'en observer l'analogie dans les différents domaines où l'on peut la rencontrer.

On parle ainsi de créativité artistique, d'intelligence et de collaboration féconde. Lorsqu'un foisonnement d'idées, ou d'inspiration produit quelque chose de nouveau et de pertinent remarquable par sa quantité ou sa qualité, il est qualifié de fécond.

Lorsqu'on observe le phénomène de la mitose, déclenché initialement par une fécondation, on constate qu'il y a d'abord une association de deux principes, le féminin et le masculin, qui permettent l'apparition d'un être pertinent sur le plan organique. L'être vivant peut être pertinent bien au-delà de sa réalité organique, cet aspect permettant avant tout aux autres aspects du vivant de prendre une forme sur le plan matériel. Cette logique de duplication avec une croissance de raison 2 est aussi un foisonnement de notions qualifiées par les attributs génétiques qui sont avant tout des informations.

Il est possible de définir l'intelligence comme étant la faculté de lier des informations entre elles. C'est en fait sa fonction, et c'est en cela qu'on la reconnait. L'intelligence devenant de plus en plus élevée, à mesure qu'elle associe des informations plus complexes, contradictoires, issues de diverses origines, on cherchera à la faire grandir en qualité par l'exercice de la réflexion logique, à l'opposé du sophisme et de la rhétorique. Cette intelligence sera d'autant plus féconde qu'elle sera en mesure d'accepter les informations les plus hétérogènes pour les intégrer dans un ensemble harmonieux.

Il sera possible d'accroître la Fécondité de l'existence en s'ouvrant à des domaines inconnus, non pour s'y perdre mais pour les absorber et constituer un ensemble cohérent, logique, et donc vivant.

L'observation attentive de la nature, dont il est difficile d'en tirer l'absence d'harmonie, nous donne une leçon permanente sur l'importance de cette démarche. Plus nous intégrons des notions nouvelles, plus il apparaît que l'univers dans son ensemble est marqué par la Fécondité. La marque essentielle de la création, c'est l'optimisation des ressources pour en tirer le meilleur parti, au point que chaque élément de la nature, depuis le proton jusqu'à l'étoile, a plusieurs fonctions simultanées qui chacune permet aux autres aspects de la création d'exprimer d'autres fonctions, en réponse à celles des autres. Les différentes forces gravitationnelles, électriques, magnétiques, nucléaires, leurs opposées, et toutes leurs variations étant autant de vecteurs de stimulations opérant entre l'ensemble des acteurs de la création palpable et impalpable.

C'est un foisonnement d'une telle ampleur qu'on peut y voir une Fécondité totale et permanente, à tous les niveaux de la création.

On peut ainsi parler d'intelligence féconde au sein même de la matière, qui, allant vers un développement toujours plus complexe en termes de ressources, impose une harmonie toujours plus grande par une réponse d'optimisation des ressources et une exclusion ou une circonscription des éléments toxiques.

Si l'intelligence est la faculté d'intégrer les informations suivant un processus logique, toute forme d'opposition, de contrordre, lui sera toxique, sauf à ce que cette opposition devienne un élément inclus dans la logique globale, nécessitant par exemple un changement de stratégie, en jouant par exemple sur l'échelle des valeurs de la durée d'une action ou de la focalisation d'un sujet par rapport aux autres. Tant que la toxicité est relative, elle est intégrable, si elle est choisie ou même subie, elle devra détruire son environnement, ou son environnement la détruira.

La toxicité en matière de Fécondité ne doit pas être confondue avec la notion de chaos. Car la perception du chaos, en fin de compte, n'est pas plus que l'absence de capacité à comprendre la logique d'un phénomène. On ne mesure finalement le bon sens qu'à l'aune de son propre jugement. Sur cette question, les Évangiles et Descartes disent la même chose. Faire du chaos un ordre en soi, alors qu'on n'en comprend pas les enjeux particuliers, est une aberration qui consiste à s'opposer à la Fécondité, dont l'enjeu fondamental consiste à manifester l'intelligence.

S'opposer à la Fécondité, qui est nécessairement Divine, consiste à la contraindre dans le but de la soumettre à ses exigences. L'issue sera fatale à tous ceux qui pratiquent ce sport. Ce n'est même pas une question de justice, cette notion étant avant l'ordre social et n'a pas réellement cours dans la nature, c'est une question de logique.

L'intégration d'éléments nouveaux, dans le but de les rendre féconds, passe par une démarche bienveillante. Mais pas n'importe quelle bienveillance, et absolument pas par une forme quelconque de pensée orientée qui aura comme aboutissement un rejet de la vérité. C'est avant tout par la résolution des obstacles que la création devient féconde, et que la vie humaine devient féconde à son tour. Résoudre un obstacle ne consiste pas à le nier, il consiste à le transmuter.

La Fécondité revêt un aspect sacré et mystérieux

Pour parvenir à ses fins, la nature emploie des processus de transmutation de la matière, compléments des transformations chimiques. Si des éléments manquent, elle parvient dans certains cas à les fabriquer. Le contenu total d'un œuf de poule est différent du contenu total d'un poussin ; les éléments atomiques qui les composent ne sont pas totalement les mêmes, et jusqu'à preuve du contraire, les œufs de poules ne sont pas radioactifs, l'explication ne se trouve pas dans un phénomène connu scientifiquement.

La nature dispose de ressources mal connues, ou volontairement ignorées, lui permettant de se développer dans des conditions inattendues et d'atteindre un niveau de Fécondité ahurissant au regard de nos croyances modernes.

Il n'y a donc rien de surprenant à ce que la Fécondité fasse l'objet de tant de représentations religieuses depuis l'aube de l'humanité. Les mystères de la Fécondité côtoient ceux relatifs à la mort depuis toujours, ces divinité d'autrefois n'en faisant qu'une au sommet de l'évolution des religions, par la résurrection des morts.

Comment la résurrection des morts a-t-elle fini par devenir un sujet si important, tout simplement par la Fécondité de la Vierge de Dieu. Cette vérité est tellement tournée en ridicule, que le ridicule se transforme en hommage du vice à la vertu. Il se trouve que la Vierge est l'incarnation de la vertu, victorieuse de toutes les toxicités possibles et imaginables. C'est pour cette raison que son observance est si fructueuse, et sa critique si frauduleuse.

L'idée que Dieu en personne puisse féconder une Vierge irrite la pensée des plus sûrs de leurs croyances, alors que l'origine de la vie fait toujours l'objet de spéculation. Ce constat est amusant, car l'ignorance des cycles naturels inclus dans un processus de Fécondité global a conduit notre société à produire une toxicité telle qu'elle en remet en cause notre survie, et a déjà largement entamé notre propre Fécondité.

Certaines populations sont simplement devenues stériles, et d'une manière générale enfanter devient de plus en plus difficile. Mais las, il n'est pas question de revenir au constat élémentaire d'une force vitale intelligente, bienveillante et simple, affranchie de toute forme de volonté de soumission. Il n'est pas envisageable de

Une Vierge apparaît pour illustrer la Fécondité, quel paradoxe... Antonello de Messine (1430-1479) : Vierge de l'Annonciation - Galleria Regionale della Sicilia (Palermo) Source : The York Project (2002) 10.000 Meisterwerke der Malerei (DVD-ROM), distributed by DIRECTMEDIA Publishing Gmbh

rechercher dans la causalité de toute chose un foisonnement de forme nouvelle d'expansion de la vie. La Fécondité trouve son origine dans cette force vitale que toutes les cultures qui nous ont précédé ont tâché de décrire par ses différents aspects. Dans toutes ces cultures, la Fécondité revêt un aspect sacré et mystérieux, mystère que la science, encore elle, a prétendu pourfendre par un discours descriptif, mais sans jamais pouvoir en démontrer l'origine, ni finalement être capable d'en reproduire le processus en totalité, et encore moins en laboratoire.

Le fait même qu'un spermatozoïde, et pas un autre, puisse franchir la barrière de l'ovule, est surprenant, mais moins encore que l'intégration soit immédiate et la réaction tout autant. La fécondité est un miracle permanent, car la matière contient en elle les ressources primordiales au développement de la vie, et ce n'est en rien un accident. Alors, féconder une vierge, on se demande bien où est le problème, si ce n'est dans l'arrogance d'hommes qui ne parviennent pas à reproduire ce phénomène pour s'en approprier les avantages, beaucoup trop sûrs de discours fondés sur une observation limitée à un sens, la vue.

L'expérience des bions est facilement reproductible

Ainsi, l'homme et plus particulièrement la femme prétendent pouvoir donner la vie. C'est tout de même un peu présomptueux. Au mieux, on peut la transmettre, ce qui est déjà un miracle, et il est toujours préférable dans ce domaine comme dans tous les autres de faire preuve de mesure quand il s'agit de qualifier ses propres actes.

De la même façon que sur le sujet de la mort et des défunts, la Fécondité et la façon dont elle est considérée, constituent un révélateur détaillé dans la profondeur ce qu'est notre société. Les deux sujets, mort et Fécondité, constituent, semble-t-il, les deux faces d'une même pièce. La différence toutefois consistera dans le fait qu'il est relativement facile de donner la mort par moyens artificiels, alors qu'il est impossible de donner la vie, y compris par moyens artificiels.

En fait, celle-ci étant déjà présente partout, il n'est donc pas question de partir d'une situation nouvelle où il n'y aurait pas de vie. Pire, lorsque l'on stérilise tout, alors, et seulement alors, le principe fondamental de la vie apparaît. C'est l'expérience des bions de Wilhelm Reich, qui en fait la démonstration, pour le coup en laboratoire. W. Reich, éminent psychiatre autrichien en son temps, directeur de la clinique de S. Freud, président de l'association internationale de psychanalyse, voit sa réputation détruite et sa carrière remise en cause lorsqu'il dénonce le communisme stalinien pour ce qu'il est, à savoir une dictature, et qu'il décrit l'Orgone comme la cause fondamentale du vivant, et de son expansion.

Dans les années 20, W. Reich, comme tant d'autres, cherche à comprendre le mal dont ses patients sont atteints. Il conçoit, à l'issue d'un entretien avec une masochiste, qu'il existe un système énergétique, de nature électrique qui gère les émotions et explique à lui seul les fondamentaux de la psyché humaine, intimement liée au soma (ensemble des cellules non reproductrices).

Il tente l'expérience des bions pour s'assurer de la validité de son concept : dans un milieu organique stérile, et dans une ambiance stérile, il plonge du charbon incandescent. Le résultat est positif. W. Reich appellera Orgone l'énergie émise par ce type d'opération, puisqu'il constate un rayonnement, et qu'il le mesure. Une génération après l'élaboration de la théorie de la relativité, W. Reich découvre l'éther, mais sans l'identifier comme tel.

Il en décrit même la forme, reproduite ci-dessous :

Difficile de ne pas y voir une certaine proximité avec le *Yin-Yang*. Cette forme, et le mouvement qu'elle engendre, se retrouvent partout.

L'expérience des bions est facilement reproductible, avec des moyens simples et fonctionne à chaque fois. Le passage au microscope avec un grossissement de 2.000 permet de fait de voir les mouvements des bions dans l'eau et de la terre stérilisés à plus de 100 °C, alors que le même mélange est inerte avant la stérilisation.

Cela démontre que les conditions primaires de la vie sont atteintes très facilement. L'observation de la nature permet rapidement de vérifier que l'Orgone, connue sous le nom de *prana* ou de *Qi* en Orient, joue un rôle primordial dans la constitution des organismes vivants. Les expé-riences qu'il a menées sont largement contestées, moquées et son nom est entaché. Toutefois, il suffit de reproduire ses nombreuses expériences pour s'apercevoir que ses observations sont justes, et parfaitement crédibles. Elles restent gênantes parce qu'elles remettent en cause la plupart des fondamentaux sociétaux, économiques, physiques et, bien sûr, biologiques. Dans le cas de W. Reich, il s'attachera à décrire la sexualité comme une fonction énergétique mais se refusera à voir une dimension spirituelle chez l'Homme.

Les écrits de Rupert Sheldrake, et bien d'autres, remettant en cause le modèle actuel vont tous dans un sens général qui privilégie le caractère énergétique de l'information, structurant les règles du vivant et, bien sûr, celle de la Fécondité. La mémoire émotionnelle qu'enregistre le soma est définie par Reich très tôt du fait de son observation de l'Orgone, et cette mémoire corporelle est un fait aujourd'hui complètement admis par les éducateurs et les thérapeutes. L'avenir de la médecine passe par la compréhension de la programmation cellulaire, sans l'intégration du fait orgonotique, qui n'est jamais que la base de la médecine chinoise qu'elle appelle *Qi*, cela risque d'être assez long à étudier.

La vision mécaniciste de l'univers qui prévaut depuis l'invention de la machine à vapeur nous conduit à chercher des moyens toujours plus artificiels pour conduire nos existences. Cela va jusqu'à remettre en esclavage des femmes pour en faire des reproductrices, ici même, en Europe, car c'est parfaitement légal en Ukraine.

C'est comprendre l'immensité et la simplicité de la Fécondité, de la bienveillance qui la conditionne, de l'interaction positive des lois physiques pour permettre la vie que notre société doit opérer, pour envisager un avenir lui aussi fécond.

Yves Le Maître

LA MISOGYNIE

Enquête sur la perduration d'un mépris culturel inscrit.
Charles Imbert - Ecrivain

La Misogynie est une invention grecque, et une des seules qui soit propre aux Grecs, avec l'esclavage. Car on le sait, les Grecs n'ont rien inventé et tout emprunté : musique, écriture, monnaie, tout ayant été pris à l'Est, y compris leur panthéon.

La Grèce, ce fut d'abord l'Asie mineure, donc une prolongation du Proche-Orient, puis la Mer Égée, avec la future "Grèce continentale", très maritime et découpée par la Méditerranée. Après avoir subi à l'époque mycénienne (et avant) les influences des aires mésopotamiennes et égyptiennes, la Grèce de la piraterie des longs vaisseaux noirs d'Homère mit la Méditerranée à feu et à sang (les Peuples de la Mer, c'est eux), accouchant d'une société violente où le fort avait tous les droits sur le faible. Ce bref rappel historique pour situer l'origine de ces deux inventions fatales, misogynie et esclavage, explicitement basées sur le mépris et l'exploitation de la "faiblesse".

Nous retrouverons l'esclavage plus avant, après avoir situé la Misogynie (qui est quand même le propos principal de cet article). Aussi, il faudra préciser que, si les Mésopotamiens connurent "l'économie des Temples", il ne pouvait s'agir au pire que de "travail forcé", autrement dit un impôt en nature (comme le service militaire, une corvée *in fine*). Le Grand-prêtre y était le roi d'une Cité-Etat régnant sur un territoire agricole devant tout au Temple – modèle qu'il est inutile de présenter comme proto-totalitaire, car les cadres de coercitions n'étant pas encore définis, ils n'auraient pas été légitimés. Les Égyptiens connurent peut-être la corvée dictée par l'Etat pour l'édification de leurs monuments (pyramides et mastabas par dizaines).

« Comment se fait-il que des consciences puissent priver ou entraver d'autres consciences dans leurs droits à traduire leurs dons, dans leurs droits à s'exprimer, même dans leurs droits à protester ? »

L'esclavage, lui, sera une invention raffinée, basée sur des dispositions juridiques écrites, notariées, sur la base du fameux contrat de dialectique du Maître et de l'Esclave (le "travaille ou je te tue" n'étant brisé que par les cris des insurrections : "la liberté ou la mort"). Il convenait donc de poser en préambule cette invention du juridisme grec, avant d'aborder la toile de fond de la Misogynie.

Oui, qu'est-ce que la Misogynie ? Occupons-nous d'abord du mot. Celui-ci se forme sur *Misein*, haïr, et *Gyné*, Femme. On en a la trace dans les communautés grecques mais, bien sûr, ce ne sont pas les Grecs qui ont inventé la détestation radicale du féminin, légitimant les reproches, griefs et procès, bien qu'ils l'aient formalisée (là est la faute). Ils rejetèrent même une de leurs plus grandes poétesses, Sapho, dans le registre du garçon manqué (la disant homosexuelle), et dans l'imputation d'avoir volé ou copié ses œuvres (qui furent remarquées, célébrées, avant d'être salies).

Nous savons, de la haine ou du mépris, que ce sont des attitudes et états d'esprit absolument détestables en soi. Comment se fait-il que de telles pensées puisse venir miner les rapports entre hommes et femmes, puis être entretenues, et ensuite comment se fait-il qu'elles existent, subsistent, et perpétuellement renaissent ?

Comment peut-elle toucher cet alter ego qui nous est le plus proche, la femme, à la fois notre mère, notre sœur et notre fille ? Sans oublier qu'elle est aussi notre amie, dans divers contrats tacites de cohabitation pour le meilleur (la vibration mutuelle) et le pire (l'aliénation, dit-on).

Pour un homme, la femme est donc la compagne, l'amie, et parfois le complément le plus essentiel de son être. Platon, dans *Le Banquet*, traitant de la sexualité, évoquera des échanges d'organes dans le cadre de l'androgynie, qu'il faudra aussi évoquer, mais plus loin dans cet article.

L'attitude d'étonnement individuel sur ce constat touchant à notre *moitié d'orange* est inté-

La Misogynie est peut-être aussi un phénomène n'ayant concerné que certaines classes sociales grecques dites cultivées, tout comme la fameuse homosexualité grecque et ses modes, étendues et postérités. Quelle qu'ait été le vécu des femmes libres grecques dans les campagnes et les îles, les Romains et l'Occident semblent en avoir hérité de fâcheux mots d'ordre. Ici, Alkaios et Sapho. Face A d'un kalathos attique à figures rouges, vers 470 av. J.C. Provenance : Akragas (Sicile). Staatliche Antikensammlungen, Munich. Photo libre de droits : Bibi Saint-Pol, 2007-02-10

ressante, mais elle joue à la limite du problème, qui est social, et en fait concerne le Pouvoir dans les sociétés. L'étonnement devrait être : « Comment se fait-il que des consciences puissent priver ou entraver d'autres consciences dans leurs droits à traduire leurs dons, dans leurs droits à s'exprimer, même dans leurs droits à protester ? »

La Misogynie n'est pas qu'un tort fait à la moitié de l'humanité, elle est aussi une violence contre l'Humain tout entier. C'est pourquoi il faudra prolonger l'étude et la tentative de cerner la misogynie par la "problématique cadre" de la diminution ou de la réduction de l'Humain, non pas dans un commentaire de la fameuse dialectique du Maître et de l'Esclave, mais dans l'enquête sur les Statuts acceptés qui conditionnent l'acceptation de la réduction de l'Humain.

Dans le racisme, on peut, dans des conditions à la limite, envisager de se passer de l'autre, mais on ne peut imaginer cela avec la femme.

Un constat a souvent été porté : « Il y a deux sociétés dans la société, celle des hommes et celle des femmes ». Cela reste vrai sous certains angles. Toute pensée portée au genre (ou à la sexualité, ce qui est presque la même chose), tourne autour de la dualité complémentaire ; donc il existait des métiers et activités sociales spécifiques, parfois réservées, par exemple pour tout ce qui est lié à la beauté (dont les femmes sont "censées" s'occuper, ce qui est un travers culturel imposé, comme de "faire la cuisine du foyer", ce qui est tout autant codifié), ou à la décoration de la maison (ceci incluant le métier de fleuriste).

Ces clichés sous-tendent encore des contenus comme *"Les hommes viennent de Mars, les femmes viennent de Vénus"* (1) en enrobant de justes réflexions avec des remugles d'attitudes culturelles pluri-centenaires. On déboucherait ici sur la dénonciation des "préjugés", qui est en soi une activité hélas souvent superficielle, coupant la tête des épis sans s'occuper des racines.

Mieux vaut revenir aux faits. Nous parlions de concepts psychologiques négatifs. La Misogynie est aussi une attitude mentale justifiant le recours à l'iniquité, et souvent à la violence, visible ou larvée. Car depuis la haine et le mépris, elle autoriserait "la violence à bon droit" (toute une étude serait ici à faire sur ce *bon droit*).

Elle apparaît comme une théorie de type raciste complet, niant radicalement l'autre (et donc l'humain dans l'autre). Dans ses premières manifestations les plus apparentes, il y a des misogynies de type tragique, extrême, conduisant aux violences mutilatoires (tribales ou autres), et d'autre part des misogynies cyniques, voire aimables, de salon, à la Sacha Guitry. Mais le premier principe reste le même : accentuer une différence pour nier l'égalité qu'on veut dénier, en ayant recours à des paroles mythiques, symboliques, théoriques (donc idéologiques)...

Dans le racisme, on peut, dans des conditions à la limite, envisager de se passer de l'autre, mais on ne peut imaginer cela avec la femme. Ainsi la cohabitation raciste se solutionnera par l'esclavage, et de même la cohabitation misogyne. Le premier pas du comportement raciste ou sexiste est de réduire, diminuer, amoindrir l'autre, pour se satisfaire d'un spectacle de l'abaissement qui justifie l'initiative du déni. Racisme et misogynie ont en commun de finalement construire une théorie de l'être humain inférieur afin de donner légitimité à la mauvaise foi et au refus. Car si l'autre n'est plus un reflet de soi, on échappe à la règle d'or de la morale universelle : *"Ne fais pas à autrui ce que tu ne voudrais pas qu'on te fasse"*. Comme autrui n'existe plus, on se retrouve libre de le considérer comme une chose, et de lui exercer les attributs de la propriété : utere, abutere, fructere... ce qui justifie l'esclavage.

La Misogynie et disons-le, le sexisme en général (car il existera aussi un sexisme anti-homme) est donc totalement in-jus-ti-fiable, parce qu'il porte atteinte à la Dignité humaine et à la Dignité de l'esprit incarné dans l'espèce humaine. Remarquons que la Dignitas latine étant composée du rang, de la réputation et de l'honneur (qui est lui même image, statut, respect), elle pourrait être attaquée sur une de ses composantes. Nous, modernes, irons au-delà et nous définirons la Dignité comme inaliénable, intransgressible et, finalement ou totalement, sacrée.

Sur quoi se fonde le discours abusif de la Misogynie ? Quels sont les reproches misogynes les plus étendus, les plus fréquents, et finalement les plus révélateurs du mécanisme d'opprobe porté à la femme ? Ils sont triples, concernant le corps, le cœur et l'esprit, et on les retrouve, exacerbés, dans toute une part des productions culturelles de l'Occident moderne. Si la femme en Grèce reste souvent une Aphrodite (déesse de l'amour parfois physique) capable de regretter son Adonis d'Amant, ou une Antigone capable de choix moral entre règles sociétales et règles sacrées, ou une Cassandre capable par sa médiumnité d'annoncer la chute de Troie, elle est devenue dans la poésie et le théâtre occidentaux la femme qui séduit et rend fou d'amour, ou une Chimène dévitalisée chargeant son Rodrigue de choisir le devoir pour elle, ou une fausse intellectuelle portée sur l'escroquerie (voir ce qu'on put dire sur Sagan, Colette, Beauvoir, etc.).

Précisons : ce sont, pour le corps, le reproche d'intempérance sexuelle, sous l'idée de "putain" mot bâti sur le radical gaulois "pu", utilisé dans puanteur ou puer, qui désigne l'émanation de quelque chose de vulgaire, à retrancher en

Enluminure de 1460 illustrant le mariage (vers 996) de Geoffroi, comte de Rennes, duc de Bretagne avec Havoise de Normandie, sœur de Richard II, duc de Normandie. Les personnages, avec une certaine finesse, s'arc-boutent et se refusent avec des grimaces. On se souviendra qu'à cette époque, "violer" se dit "forcer". De plus, la femme est alors considérée comme *mineure*, enfant toute sa vie.

tous cas. Pour le cœur et l'aspect moral, c'est le reproche de versatilité, et la femme est d'autant plus traîtresse qu'elle peut changer d'avis, elle dont on n'attendait qu'elle ne joue aucun rôle (!). Pour l'esprit, c'est le reproche d'intempérance mentale, sous l'idée de folie, idée déclinée sous maintes formes, depuis la femme maîtresse de sa médiumnité, et donc sorcière malévole, jusqu'à la femme pitoyablement déréglée, et donc hystérique, en proie à des crises de nerfs.

Ce premier reproche, la femme pornographique, est certainement basé sur le fait que si l'homme visite la femme, celle-ci est censée garder son empreinte ; ceci est un fait psychologique qui trouve son écho dans les mythes de la défloration. Le rapport sexuel féminin transgressif est pour les cultures patriarcales, une souillure pour la femme. Cependant, dans certaines cultures antiques, et en particulier Babylone, il existait des vierges sacrées, des vestales, mais aussi des prostituées sacrées : à Babylone, le sacre du Roi (et Grand Prêtre des Cité-États) comportait une nuit avec l'une d'elles en haut d'une ziggourat.

A ceci se greffe de pures légendes sociales. Par exemple, la femme aurait des orgasmes plus puissants et plus prolongés que l'homme… Ou encore, il existe des théories parfois complaisamment relayées comme celle d'Alyssa Goldstein, intitulée *"When Women Wanted Sex Much More Than Men"*… (Alternet, 2013).

Le second reproche se base sur la "femme traîtresse". Bien que les créations culturelles fassent les échos de traîtres masculins de tous poils, variétés et performances, la traîtrise par la femme est encore plus déloyale, abjecte, profonde, transgressive. L'infanticide, le parricide, la castration – entre autres – sont ici dénoncés comme l'absolu de la déviation et du sacrilège.

Ah, il faut aussi ne pas oublier la Peur fondamentale de l'inconnu…

Le troisième reproche est l'imputation de folie ordinaire. Celle-ci est d'autant plus intolérable et amère que la femme pourrait exciper de sa prérogative d'hystérique pour se retrancher à bon droit de quelque bonne foi et sincérité. De même, le mystère du comportement autre a bien des fois été interprété comme une possibilité de médiumnité. D'ailleurs, si l'on cherche à citer les grands mystiques de la religion chrétienne, on n'aurait (à la grande limite…) presque qu'un Padre Pio contre une quantité d'*Hildegarde de Lisieux, Thérèse de Bingen, Bernadette d'Avila* et autres. C'est d'ailleurs un juste retour des choses, car comme nous le confiait une fois une dame : « Confucius, Jésus, Mahomet, Platon, Zhuang Zi, Bouddha, mais où sont les femmes ? »

Enfin, le statut de la folie peut-être considéré comme un refuge, et on entendra : « Non, ce n'est pas une femme de mauvaise vie, c'est une nymphomane ». D'un autre côté, lorsqu'on a fini d'admettre que la femme est naturellement hystérique, ce qu'elles admettent "parfois" elles-même (après tout, ayant bien davantage à subir, elles pourraient être quantitativement ciblées par la dépression ou l'enfermement dans l'illusion), on retombera dans une acceptation proprement taoïste de la nature des choses... "Nos chères hystériques", disait Gurdjieff. Le mythe des nerfs faibles chez la femme est donc une constante, à la fois établie et acceptée... de tous bords !

La lutte contre toute Misogynie est là : otez les racines de ces reproches, et la Misogynie devra dépérir et s'étioler. Le combat doit se mener contre ces trois discours sur une prétendue nature "plus faible ou faillible que celle du mâle". Spécialement et en général, *Non*, la femme n'est pas obsédée ou gouvernée par le sexe, *Non*, la femme n'est pas constamment tentée par la trahison, *Non*, la femme n'a pas des nerfs épuisés.

Ah, il faut aussi ne pas oublier la Peur fondamentale de l'inconnu... Certains hommes, sous couvert, vous diront : « Ne nous y trompons pas, les femmes partagent aussi, dans leur livre secret, des trésors de mépris pour l'homme, l'appendice sexuel de celui-ci, qui se gonfle n'importe quand (ou pas), sa violence morale constante dont il a tant fait preuve, ses goûts intellectuels incertains de petit garçon immature... » et d'ajouter : « Leur rêve secret est de nous castrer, de nous maintenir en enfance et sujétion, de nous dicter les bonnes versions des mythes. » A cela s'ajouterait la crainte paranoïaque de la "complicité féminine"...

Cette Peur fondamentale, si richement illustrée dans les mythes par la décomposition, par le démembrement (et qui dit démembrement dit castration en premier), débouche aussi sur le

Femme sauvage avec licorne, vers 1460-1467. München, Staatliche Graphische Sammlung. Attribué à Master E. S. (1420–1467). Domaine public. Couverte de poils, à l'état de nature, la *vraie femme* reste mythique.

mythe de l'androgyne. S'il existe parfois des fusions rêvées, comme dans l'amour passion, les intellectuel(le)s n'ont jamais tenté de décrire l'utopie de l'entente totale, non duelle, une paix après la "guerre des sexes", bref la ré-union.

Oui, la Misogynie concerne les femmes, nos compagnes, filles, mères, amies, autrement dit le complément le plus essentiel de notre être ; car les femmes possèdent des organes qui nous manquent ; ce n'est qu'en retrouvant ces organes que nous pouvons, soit créer la Génération, soit accéder à l'androgynie.

L'androgynie est un état idéal décrit par Platon dans *Le Banquet* (2). Cette réalisation pos-

48.—Court of Love in Provence in the Fourteenth Century (Manuscript of the National Library of Paris).

Pour nier l'éffacement forcé de la femme médiévale, le XIXᵉ siècle misogyne inventa l'Amour Courtois. Plus rien ne justifie de nos jours ces affabulations parfois reprises avec complaisance. Cette image du XIXᵉ siècle (domaine public), montrerait un Troubadour muni de rimes chantant un statut spécial, honorifique, fantasmé de la femme. Hélas, rien de ceci n'a existé. Les femmes en marge étaient recluses, mises au couvent, ou brûlées. Dernier soubresaut d'autres temps (néolithiques), le Moyen Âge et son prétendu *Droit Romain* furent sans pitié dans la Misogynie.

tulée se situe dans le monde des idées, le monde des archétypes, mais aussi le monde du mental et même du supramental, puisque avec l'androgynie nous accédons à un mystère qui conditionne l'idée racine de la sexualité. Dans le supramental, nous serions asexués (voir l'article de Michel Barster), ou plutôt nous aurions les deux sexes, et c'est quand nous nous définissons, quand nous tombons vers le mental, le vital, l'éthérique et le physique, qu'alors nous serions séparés de notre complétude. C'est comme si nous nous retrouvions incarnés avec un bras ou une jambe en moins, en fait soit l'utérus, la matrice (qui a donné le mot hystérie), soit ce qui manque à Osiris… Et la Misogynie serait de dire « mon bras, ma jambe manquant, je le méprise, je n'en ai pas besoin, je l'aurais que je n'en aurais que des ennuis, je le vois bien chez les humains qui possèdent cet organe. » Discours non plus de haine, mais de folie…

Encore un mot sur l'organe manquant ? Voyons bien que, de leur côté, les femmes ont abandonné les mythes Isiaques sous les pressions des Chrétiens (proposant le mythe Marial en lieu et place), et que ces mythes Isiaques mettaient en scène la perte du phallus chez Osiris. Certes, la perte du phallus, autre clé de l'androgynie, reste très archétypique, et au cours de l'Histoire s'est incarné avec les castrats, les eunuques, et de nos jours avec les trans-sexuels. Archétypique, oui, bien entendu, car subsiste aujourd'hui la figure *misogynique* de la fameuse "castratrice" qui rêverait d'oeuvrer avec un rasoir, non sur les joues (car la barbe différencie l'image de l'homme de l'image de l'enfant) mais sur la différenciation masculine. La castratrice est aussi l'Amazone, la femme guerrière que l'on retrouve dans plusieurs mythes antiques. D'ailleurs, on précise que l'Amazone, faute de se couper le pénis, se coupait un sein pour mieux tirer à l'arc... Misogynie encore, transfert; ou renversement de perspective ?

...la littérature courtoise du XII et XIIIe siècle, invention de Gaston Paris, puisqu'en dehors de quelques chansons d'amour intemporelles, ces écrits n'existent pas.

Le travestisme rituel était présent dans de nombreux clergés païens. Les prêtres de Cybèle s'émasculaient lors de leur initiation et ne portaient plus ensuite que des vêtements féminins. A Rome, le travestisme faisait aussi partie des Lupercales, le 15 février, au cours desquelles les femmes s'offraient aux coups de fouets pour assurer leur fécondité (fameuse image de la *Villa des Mystères*). La violence au niveau sexuel - de type sado-masochiste - n'est cependant pas forcément reliée à la Misogynie ; par exemple, les morsures, les coups et l'usage d'armes comme ciseaux, masses, sont systématiquement recensés dans le Kâmasutra, et ambivalents sexuellement.

Mentionnons l'Inde, pour citer les hijras qui s'émasculent afin de s'identifier à la déesse Bahachura Mata, ou les fidèles de Krishna qui s'habillent en femme pour ressembler aux gopis qui furent séduites par le Dieu.

Plus loin que la supression de la différence ou la reconnaissance de l'androgynie, l'anti-Misogynie théorique se serait incarnée dans la littérature courtoise du XII et XIIIe siècle, invention de Gaston Paris, puisqu'en dehors de quelques chansons d'amour intemporelles, ces écrits n'existent pas. Selon des assertions du XIXe siècle, aussi gratuites que le mot "mystère" pour une fessée sur la fresque d'une villa, la femme y aurait été idéalisée, inaccessible, parfaite, objet d'une dévotion constante et sans espoir (eh bien voyons !)..

Depuis l'origine de l'humanité, la sexualité, mettant en jeu des pulsions, des passions et des motivations profondes, est une source fondamentale de non-contrôle, de problèmes et de maux. Elle est donc cachée divers processus de pudeur, ce mécanisme de réserve. En effet, la sexualité individuelle est gérée sur un axe reliant la vulgarité au sacré. L'individu devient le grand prêtre de la réserve ou de l'exhibition sexuelle. La réserve et la pudeur se retrouvent contrôler la sexualité dans toutes les sociétés humaines.

Un des traits principaux des groupements humains est de gérer l'horrible, ce qu'on doit cacher, en partageant des visions communes sur le mal et les tabous. A ce titre, l'étude de la sexualité dans les tribus dites "primitives" est riche d'enseignement. De l'amour préconjugal (dortoirs communs), aux protections magiques des sexes, aux pratiques de séduction, aux contrats de mariage, au divorce, aux rapports extra-conjugaux, aux incestes ou définition de la famille proche asexuée, les conceptions varient de manière étrange et folklorique, mais ambivalente et sans qu'un fil conducteur mysogyne puisse être

Jeanne d'Arc, esquisse en marge d'un registre par Clément de Fauquembergue, greffier du Parlement de Paris. Archives nationales, Registre du Parlement de Paris, 1429 (deux ans avant sa mort). De son temps, Jeanne était sorcière pour les Anglais, Vierge pour les Français.

relevé. On sait même, par l'étude du matriarcat radical dans quelques rares tribus, que la femme peut totalement jouer le rôle de l'homme, et celui-ci assumer les tâches généralement dévolues aux femmes. Le recours aux raisons archétypiques pour justifier la misogynie trouve ici son hiatus, sa béante solution de continuité. Mais nous reviendrons aux archétypes : ils sont bel et bien présents dans le problème de la Mysogynie, puisque appelés au niveau du discours qui tente de justifier celle-ci.

Notre vaste tribu occidentale est dite judéo-chrétienne, mais rien n'est plus litigieux, car la plupart de nos totems et de nos tabous sont hérités de l'union de deux tribus de Latins et de Sabins, en Italie, établis respectivement sur quatre et trois collines bordées par le Tibre, union qui prit un nom étrusque : *Ruma*. Tant dans les codes de sexualité que maints codes artistiques ou commerciaux, nous sommes leurs continuateurs directs. Ceci n'est pas faire bon marché des Etrusques, des Celtes, des Grecs ou des Indo-européens en général, mais il nous faut mettre en évidence cette première filiation.

Les Romains étaient une société patriarcale, mais la Romaine jouissait d'une dignité et d'une liberté considérable. L'histoire romaine abonde de hautes figures féminines. S'il existait trois sortes de mariage, mari et femme avaient des droits strictement égaux. Lors du mariage, la Romaine franchissait le seuil de sa nouvelle maison en déclarant "Là où tu es le maître, je suis la maîtresse". Cependant même mariée, la femme restait sous l'autorité légale (potestas) de son père, qui pouvait en théorie exiger son retour. Et avant Auguste, si l'adultère de la femme était passible de mort, celui de l'époux restait impuni.

Plus tard, sous l'influence grecque sans doute, les choses semblent s'être gâtées : attribuée à Lucien de Samosate, vers 150, on retrouve cette déclaration : "Le mariage est bon pour tous, mais l'amour des garçons reste le privilège des sages, car une vertu parfaite ne saurait se rencontrer chez une femme". Cette altération pourrait être constatée comme un lent glissement pendant tout le premier millénaire avant notre ère...

Car si on sait la Crétoise très libre, nous voyons la femme grecque de l'époque classique vivre en recluse. A Sparte, elle pouvait circuler librement, mais à Athènes elle ne pouvait sortir, voilée, que sur autorisation du mari. Du point de vue légal, elle n'était pas une "personne" et ses biens comme sa dot appartenaient à l'époux. Si celui-ci recevait, la femme ne paraissait pas. Être vue à la fenêtre était une inconvenance. Pour combler le besoin de compagnie lors de fêtes ou réceptions, il y avait une classe de femmes fort raffinées et cultivées, les hétaïres, dont certaines furent célèbres. Il existait une autre classe également disponible pour des évocations émotionnelles : les musiciennes et les danseuses. Enfin, les femmes de la troisième classe, les prostituées, vivaient chez elles ou dans des maisons closes.

Si à Babylone vers -2000 dominaient les figures d'Ishtar, Astarté, Lilith, les concepts les plus poussés de la pureté et de l'impureté féminine, imputés au comportement, cohabitaient sans s'associer à quelque reproche. Le problème de la maman et de la putain ne serait pas si éternel que ça ? Dans le monde des archétypes, « si la

Enluminure représentant en 1451 le vol de deux sorcières sur balai et bâton, dans *Le Champion des dames Vaudoises*, de Martin Le Franc. Image figurant dans *Die Maleficia der Hexenleut'*, 1997, de W. Schild, par Wikimedia Commons. Le massacre des sorcières eut bien lieu, en dépit de relativisations du rôle de l'Inquisition. Le contexte de ces tueries parle assez pour dire quelle était la considération envers la femme.

femme est belle, elle me fait peur, elle m'intimide, donc elle n'est pas à moi. Si elle n'est pas à moi, elle est à tout le monde, et alors elle est pourrie ». La figure impure est une des faces de la Grande Déesse, sans doute celle qui justifiait la prostitution sacrée, quoi que les Grecs aient eu des maisons closes peuplées de garçons.

En Inde, même si l'importance de la Grande Déesse s'est accrue significativement au fil du temps, les femmes étaient dans les Vedas des personnages secondaires, victimes, parentes effacées. La première mention de Mahadevi, la Grande Déesse, date du Ve siècle, à l'époque ou la Trimurti était encore masculine (Brahma, Vishnou, Shiva). De nos jours, la Shakti, la Puissance, ou nombre 2 originel, est un avatar de la Devi, se présentant comme Parvati, l'épouse aimante, ou Kali, la porteuse de mort (voir l'article de Jean-François Henry). Et l'Inde rurale est un des endroits du monde où sévit le plus de nos jours le terrible fléau du meurtre des bébés filles.

Toutes ces citations nous amèneraient à considérer qu'il existe un corpus de mythes féminins, et un corpus de mythes masculins. L'ennui est que chaque ensemble est incommunicable et illisible par les lecteurs de l'autre genre. Autrement dit, il existe le Livre de l'Homme et le Livre de la Femme : aucun homme ne peut lire et comprendre le livre de la Femme, et aucune femme ne peut lire et comprendre le livre de l'Homme.

Plus globalement, la lutte contre les abus...

En correspondance avec ce fait, il a de tous temps existé un Père Céleste et une Mère Céleste. Emmanuel Anati, dans son livre sur la *Religion des Origines*, a établi que celle-ci était basée sur le dualisme du genre, symbolisé par le Soleil et la Lune. Jung a commenté cette base en relevant qu'il existe une bonne mère gratifiante, qui nourrit et caresse, et une mauvaise mère qui menace et punit. Disons le, le masculin est alors interprété comme la lumière, qui triomphe, tel Persée sur la Gorgone, de l'obscurité.

Pendant toute l'Antiquité occidentale, les mystères et les rites réservés à chaque sexe ont fleuri. On se souviendra du scandale provoqué à Rome en -62, lorsque Pompeia, l'épouse du *Pontifex Maximus* Caius Julius (César), organisant les rites féminins de la Bona Dea, strictement réservés aux matrones romaines, découvrit un homme déguisé en joueuse de harpe dans l'assistance féminine, le jeune aristocrate Publius Clodius Pulcher. Le scandale, conté par Plutarque, fut énorme, le procès qui suivit mit en jeu Cicéron et de hauts magistrats corrompus. Cet épisode illustre le strict cantonnement des rôles, mais réapparaît sous forme archétypique pendant tout le Moyen-Âge, avec les histoires d'aventuriers pénétrant dans les couvents, mais risquant, il est vrai, certes moins une castration vengeresse.

Le double corpus des mythes sexuels occidentaux a été pulvérisé et laminé par le rouleau compresseur chrétien. Lorsque le monothéisme a été finalement formulé (inventé), vers 500 avant Jésus-Christ, il a été défini comme en relation avec un seul Dieu mâle ne comportant aucune parèdre, aucune mère, et aucune figure féminine. Le monothéisme, dans toutes ses variantes, est strictement patriarcal. Le Coran affirme, et ce n'est qu'un seul petit exemple : "Tes femmes sont ton champ, laboure ton champ quand et comme tu voudras". Chez les Catholiques, la remontée du culte marial ne s'est opérée que longtemps après la disparition des Religions à Mystères féminines, après que les femmes du Moyen Âge aient été infantilisées, tutellisées, minorisées, sorciérisées et exorcisées, faute de sociétés secrètes ou de corporations qui leur soient propres, autres que le couvent, et dans lesquelles elle auraient pu cimenter ententes et entraides.

Nous, les hommes, avons ainsi été privés d'une fondamentale réflexion sur l'altérité. Si notre sexualité nous échappe, malgré les travaux de quelques chercheurs du XXe siècle, c'est parce que la misogynie monothéiste a privé la femme de son droit à bâtir un discours mythique concernant l'homme, qui nous aurait tous éclairés sur nos projections maladives, dont la Misogynie forme un noeud central. Nous sommes prisonniers d'un discours unilatéral, déséquilibré et parfois sur-compensé ou sur-accentué. Par exemple, le diamant, bijou brillant et solaire, masculin au XVIIIe siècle, est devenu un bijou féminin dans une société ou des professions entières se sont consacrées à la consolidation d'une image hyper-sexuée de la femme : modistes, bijoutiers, pelletiers, fleuristes... La place de la femme est faussée et habite un territoire où l'on ne sait plus où sont les rôles, les désirs, et les hypocrisies.

Repenser un patriarcat et un matriarcat ne se peut qu'en respectant l'harmonie universelle. Or le monde n'est pas moniste, ni dualiste, il est multiple. Cependant, en passant de l'un au multiple, on est obligé de passer par le 2. Et sans concevoir la Création comme un système binaire, il faut pouvoir résoudre ce qui apparaît comme antagoniste dans la syzygie des complémentarités. Le magnétisme nous l'apprend, les contraires s'attirent et les semblables se repoussent.

Femmes portant coussin et tabouret sur la frise des Panathénées sur le Parthénon d'Athènes (Parthénos veut dire vierge). Photo Twospoonfuls (2008), Elgin Collection, Block V from the east frieze of the Parthenon, ca. 447–433 BC. British Museum.

Plus globalement, la lutte contre les abus, discriminations et violences ne pourra être valide que dans le cadre d'une réflexion étendue sur la citoyenneté (un mot féminin), le citoyen libre donc responsable habitant une cité, donc la civilisation. Qu'est-ce qu'être libre au milieu des obligations sociales ? Nous avons évoqué l'esclave (qui pouvait se racheter, mais jamais effacer la mémoire de son ancien statut) comme défini par le juridique... N'y a t-il pas encore, même de nos jours, des obligations juridiques atteignant les libertés et droits fondamentaux ?

Nous citons dans nos *12 Maisons de l'Eveil* la classification de Moses Finley (4), assez importante pour que nous la reprenions dans cet article. Ce chercheur proposa en 1997 une grille d'identification des différents statuts d'esclavage dans la Grèce antique (et des degrés de droits ou pouvoirs associés), qui en fait pose des vues bien plus larges, puisque cette grille vaut pour analyser nos sociétés modernes, dites démocratiques :

— Droit à une forme de propriété.
— Pouvoir sur le travail d'un individu ou d'un animal.
— Pouvoir de punir un autre être humain.
— Droits et devoirs judiciaires (arrestation et/ou punition arbitraire, capacité à obtenir justice).
— Droits liés à la famille (mariage, héritage, etc.).
— Droit à mobilité sociale (affranchissement, élévation dans une classe).
— Droits et devoirs religieux.
— Droits et devoirs militaires (service militaire, droit à protections).

Nous noterons ici que certains droits sont toujours oubliés, comme le Droit de circulation, qui n'était pas non plus inclus dans la fameuse Déclaration des Droits de l'Homme de la fin du XVIIIe siècle, et n'apparut que dans des déclarations tardives au XXe siècle. Le Droit au non frauduleux (c'est à dire le Sain, donc le Droit à la Santé) n'est toujours pas non plus reconnu, bien que de nos jours il devienne impérativement sensible, soit par les atteintes du Gouvernement par le Mensonge, soit par l'altération continue de certaines compositions alimentaires, sanitaires, environnementales ou économiques.

Conclusion :

Ainsi, la Misogynie dans le monde occidental a longtemps été héritée des institutions romaines, reprises de chez les Grecs. Avec le changement de paradigme d'une Société planétaire, il devient nécessaire de balayer tous les statuts d'infériorités, et toutes les délégations de statuts dégradés, chez l'Humain en général, et pour la femme en particulier (celle-ci représentant 50% de l'humanité !).

Le travail de conscience (éveil, vigilance, expression) doit donc porter, sur la défense et l'extension de tous les Droits de l'homme et de la femme dans un esprit de liberté et d'affranchissement, avec suppression de toutes obligations restrictives (sauf exceptions prudentielles de circonstance, à surtout contrôler). Par là, incidemment et forcément, la lutte contre la Misogynie sera engagée sûrement, ce travers étant une des composantes restrictives de la Dignité Humaine : autrement dit, en libérant la femme, l'homme se libérera aussi.

Charles Imbert

1 - John Gray, *Les hommes viennent de Mars, les femmes viennent de Vénus,* J'ai lu, Paris, 2011.
2 - Platon, *Le Banquet,* Garnier-Flammarion, Paris, 2016.
3 - Emmanuel Anati, *La Religion des Origines,* Bayard, 1999.
4 - Moses Finley *Esclavage antique et idéologie moderne,* Minuit, Paris, 1981.

FÉCONDITÉ, MATERNITÉ

Vivre en conscience la réalité de la fécondité humaine

Christine Clémino - Praticienne Reiki traditionnel certifiée

Que se passe – t-il symboliquement pour une femme au moment de la fécondation et plus largement au moment d'être mère ?

En effet, biologiquement parlant, la science nous apprend tout de l'union d'un spermatozoïde avec le noyau d'un ovule et du devenir de la cellule-œuf, jusqu'au développement de l'embryon.

La réponse dépend plutôt de la culture et du contexte de la société. Diplômée d'une Licence et passionnée d'ethnologie, il ne s'agit pas ici de dresser de curieuses et naïves caricatures ethnographiques, mais plutôt de mettre en avant le bon sens et le bien fondé de pratiques ethniques reculées, si souvent critiquées au XIXe siècle et encore de nos jours par les matérialistes nombrilistes. Ces informations sont extraites et illustrées dans l'ouvrage *Passages*, de Caro Beckwith et Angela Fisher (1).

La première partie est consacrée à ces enjeux spirituels fondamentaux, où la manière de percevoir la naissance et la femme en Afrique est contradictoire avec la vision normée européenne.

La deuxième partie est dédiée à une expérience personnelle pendant et après EMI, du choix de l'âme à s'incarner à la mise au monde du bébé, en l'absence de rituel d'initiation, mais où l'instinct et l'intention ont révélé Le Passage Sacré et Secret de la naissance, et du devenir mère.

L'Afrique est ainsi le seul continent qui regorge d'autant de rituels et de cérémonies essentiels aux individus, pour les accompagner dans le cycle inexorable de la vie et de la mort, en passant par la naissance. Ainsi les liens tissés dans la communauté perpétuent la tradition ancestrale, où les esprits des humains s'unissent aux forces supérieures et univers plus vastes. Si le quotidien est embelli par ces rituels, la matérialité disparaît. Notons que la mondialisation fait disparaître ou altère ces rituels.

Au Ghana, les femmes initiées à la féminité et à la fertilité portent le pagne blanc devant le sexe en guise de pureté, et dansent en musique pour la cérémonie de séduction. Durant 3 semaines, elles apprendront les comportements, comment faire l'amour, les tâches d'adultes, les

Statue africaine chez Mustapha Blaoui, Marrakech. Photo Christine Clemino.

soins de toilette et de mises en beauté. Coiffes complexes, colliers de perles multicolores de 10 kilos, art de la peinture corporelle de pigment, graisses parfumées et de craie, le tout les mettant en valeur.

Dans ce vaste continent, l'enfant est sacralisé car il est le garant de la lignée des ancêtres, de la communauté, et gardien de la culture de son peuple. Ce lien est renforcé dès la naissance, lorsque pour le protéger des mauvais esprits, les Himba de Namibie ne laissent jamais un enfant seul ou ne le posent à terre. Aussi, au Togo et les Wodaabe du Niger, ne donnent le prénom qu'aux 12 ans de l'enfant pour que l'esprit de la mort ne puisse le reconnaître. Nonobstant, les anciens du village Massaï en Tanzanie baptisent le bébé rapidement, et ce dernier est cerclé au cou par un talisman de cuir repoussant les esprits du mal.

Moins de 10 ans après mon expérience sacrée, ce fut mon tour d'être enceinte. Pleinement consciente de l'enjeu, je veillais à avoir une hygiène de vie parfaite.

Au cours d'une cérémonie officielle, ils partagent le sang du bétail mélangé à du lait. La jeune mère en boira le breuvage pendant que les anciens laissent couler de la salive sur le nouveau-né, en signe de bénédiction, et prononcent des « paroles humides et denses », à comprendre au 1er degré.

Perdurent aujourd'hui encore, les rites saisonniers pour obtenir la bénédiction de la terre et des ancêtres, qui sont liés à toute forme de fécondité. Chez le peuple Kassena, au sud du

Burkina Faso, un festival marque l'avant récolte du millet, et met en relation harmonieuse l'Homme et son environnement. Pour exemple, lorsque les plantes commencent à fleurir, les villageois ne doivent pas faire de bruit car la femme de Dieu est enceinte.

Importé avec le commerce des esclaves, très actif à Cuba, Haïti, Brésil, la religion du vaudou compte 30 millions de croyants dans la seule Afrique de l'Ouest. Les fétiches représentent les déités habitant dans la nature, animaux, arbres et pierres, souvent sous forme de statuettes. Au Togo, dans le sanctuaire de l'hôpital vaudou, Gabara est très connue, déité féminine guérisseuse qui reçoit moultes offrandes, consultée par les femmes malheureuses en amour ou non fertiles.

Le but ultime est atteint si le pratiquant s'abandonne totalement à l'esprit d'une divinité.

Belle transition pour évoquer un stade essentiel de mon EMI. Après ma tentative de suicide, (cf *Un Temps N°2 Défunts et NDE*), l'Être de Lumière, que je considère comme la perfection de mon esprit, me montre ma revue de vie.

Simultanément, je revis avec grande lucidité, sous plusieurs angles de vue et de manière empirique, la rencontre fusionnelle de mes parents, leur amour créateur. Existant au préalable sous forme d'énergie lumineuse dans cet espace-temps infini, je comprends que je choisis de m'incarner Ici.

Cet acte volontaire a gommé mes questions existentielles, à savoir si j'étais désirée et pourquoi j'étais née ! Questionnement permanent qui empêche le bonheur et la joie. Il n'est malheureusement pas évident d'être le fruit d'un

Statue africaine chez Mustapha Blaoui, Marrakech. Photo Christine Clemino.

amour. J'existais donc avant la cellule œuf. J'ai vécu de l'intérieur et comme spectatrice la division cellulaire, je me suis vue embryon progressant dans l'utérus, pour devenir fœtus formé. C'est durant cette expérience que j'acquis la Connaissance Sacrée et Secrète. Le liquide amniotique n'est pas le seul protecteur et nourricier. Je regrette que cette capacité d'omniscience ait eu lieu dans ces conditions, car si l'on m'avait dit cela, j'aurai emprunté un chemin de sagesse et j'aurai aimé davantage.

Je vois et ressens ce qui se passe en moi, sans contrôle, en totale interconnexion avec mon bébé. En transe, dans une cocréation exceptionnelle.

Moins de dix ans après mon expérience sacrée, ce fut mon tour d'être enceinte. Pleinement consciente de l'enjeu, je veillais à avoir une hygiène de vie parfaite. La pression sociale et médicale, était suffisamment forte d'ailleurs, avec le concept du beau bébé rosé, moins de 10kg pris pour la maman ! Au moment de mettre au monde mon bébé, chez moi, car je refusais d'être soumise à une position couchée aux yeux de tous, avec un chrono à respecter (j'ignorais délibérément le sexe du bébé, pour me préserver des conditionnements sociaux, comme par exemple des habits roses pour les filles..).

Je répétais mon intention de ne pas gâcher ce Passage, à cause de la douleur. Cette peur de la douleur a été transcendée intuitivement, intrinsèquement, par le désir de vivre intensément ce

Statue africaine chez Mustapha Blaoui, Marrakech. Photo Christine Clemino.

Un Temps - Numéro 4 avril 2019 — La Fécondité

moment unique et riche de sens. Libération d'une jouissance exaltée. Eclosion d'énergie décuplée, dans une extase physique, psychique et spirituelle sans nom. Sans initiation familiale, livresque, et encore moins chimique (sans péridurale), je me suis offert librement cette découverte, ce partage intime et d'offrande sacrée, par un abandon total à l'esprit sacré.

Éveillée aux sensations et visions internes, puissantes et rougeoyantes d'amour ; la vie m'appartient, glisse, je lui offre la vie. Je vois et ressens ce qui se passe en moi, sans contrôle, en totale interconnexion avec mon bébé. En transe, dans une co-création exceptionnelle. Merci mon enfant pour ce merveilleux Passage. J'étais en quête de devenir mère, je pense à ma mère, mon esprit résonne et raisonne. **Christine Clémino**

(1) - Caro Beckwith et Angela Fisher, *Passages*, La Martinière, 1999.

Fétiches vaudous, Togo. Photo Christine Clémino.

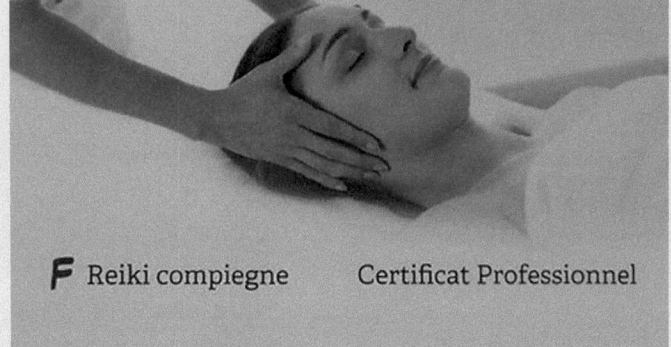

Christine Clémino figure sur l'annuaire professionnel de la Fédération Française de Reiki Traditionnel

**Son Cabinet se situe dans l'Oise à Compiègne.
Retrouvez-la sur https://www.reikicompiegne.com/**

LA GRANDE DÉESSE MÈRE ET SON OCCULTATION

Ayant été cachée, la Grande Maman n'est plus visible

Eric Hermblast - Voyageur intermittent

Qui est la Grande Déesse ? Un des manuscrits de la Mer Morte (Nag Hamadi) énonce :

« Je suis la première et la dernière, l'honorée et la méprisée, (je suis) la prostituée et la sainte, (je suis) l'épouse et la vierge, (plus) la mère et la fille, (+) les membres de ma mère, (+) la stérile et nombreux sont mes fils, (+) la magnifiquement mariée et la célibtaire, (+) l'accoucheuse et celle qui n'a pas procréé, (+) la consolation des douleurs et l'enfantement, (+) l'épousée et l'époux, engendrée par mon mari, (+) la mère de mon père, la sœur de mon mari, et il est mon fils... Ayez du respect pour moi, je suis la scandaleuse et la magnifique. »

C'est une intéressante énumération, à rapprocher de ce que rapporte Apulée dans son Âne d'Or (l'*Asinus Auréus*) :

« Les Phrygiens m'appellent Pessinuntica, Mère des Dieux, les Athéniens Artémis Cécropienne, pour les Chypriotes je suis Aphrodite Paphienne, pour les Crétois, Diktynna, pour les Siciliens, Proserpine Stygienne, et pour les Eleusiniens, leur ancienne Mère du Blé. Certains me connaissent sous le nom de Junon, d'autres sous ceux de Bellone des Batailles, ou d'Hécate... Mais Éthiopiens et Égyptiens, férus d'études anciennes m'appellent par mon vrai nom : Reine Isis »

(Attention, le mot "Isis" est la transcription grecque d'Esi, "Celle qui est le trône", la Reine).

On voit que la Grande Déesse reconnaît toutes les facettes possibles du polythéisme, avec de nombreux noms, de nombreuses fonctions, de nombreux attributs-attitudes. Elle accepte même d'apparaître comme, sur la bande, masculin, ceci parfois parce qu'accompagnée de son "fils" (de Harpocrate à Jésus), ou même très masculine, ayant parfois porté la barbe bouclée assyrienne. Pour lui rendre la pareille, il y aura des figurations de dieux glabres aux cheveux longs boudés (Mithra par exemple – que certains experts voulaient voir descendre de Vénus Mylitta, qui donnera des allitérations comme Myrtilla, sans doute à cause de la myrthe, myrtus communis, symbole de paix et amour dans l'Antiquité, pour aboutir à nos modernes myrtilles, elles aussi avec une baie noir bleuté ?).

Le Dieu unique est censé avoir procédé à une Création, un acte qui est absolument féminin.

Quant à son identité, à cerner au-delà de ses noms ou descriptions par fonctions, nous venons de rencontrer la mention de la Mère du Blé à Eleusis, pour désigner la Mère du Grain, ou même la Mère de la Cellule. Ceci désigne Déméter, dont cet article parlera plus avant. Pour beaucoup d'anciens, Déméter, c'est la Terre (et non pas le ciel ! bien sûr ! quelle fine astuce d'avoir rejeté la Déesse dans le Ciel !), c'est à dire, quelque part, Gaïa, tout simplement. Dire qu'elle est la sœur, ou la première épouse de Zeus est un travestissement de plus : elle est sa mère.

Alors, s'agirait-il de Gaïa, vraiment ? Eh bien en fait, tous les médiums qui ont tenté d'entrer en contact avec ce *Deva*, par le moyen de la transe, ont échoué. En descendant dans la terre (et autrement que par de nombreuses voûtes !), on ne voit ni la mère ni la fille, encore qu'on puisse approcher une nébulosité, et peut-être un amour.

Oui, Gaïa se dérobe et se voile d'un cosmétique (cosmos, c'est le décor) voile d'Isis. On l'a ensuite cachée, mais n'est-ce pas en fait ce qui

La Mère du Grain (celui-ci étant lourd de profonds symbolismes éleusiens protégés par le secret) est ensuite devenue Cérès, déesse des Moissons, remerciée pour le don de fortune (elle dispose de la corne d'abondance) lors des actions de grâce, céré(s)monies qui perdurent dans certaines parties du monde occidental. Image libre de droits.

l'arrange dès l'origine, sous son péplos bleu, et au fond des Mystères d'Eleusis ?

La Grande Déesse n'est plus célébrée, et nous en avons une survivance masculine nommé "Dieu", qui nous sert à un peu désigner les choses sacrées. Le Dieu unique est censé avoir procédé à une Création, un acte qui est absolument féminin, et tous les mythes qui parlent d'une origine de l'Être sont en fait des mythes en honneur à la Puissance de la Grande Déesse (rappelons que le Big Bang est une théorie haussée au rang de mythe, ou l'inverse). Non seulement il n'y a plus de culte de la Déesse, mais même ses figures étant occultées, il devient difficile d'identifier l'authentiquement féminin (et le pouvoir féminin), dans le monde moderne qui nous entoure.

En arrivant dans les tribus et clans à étudier, accueillis par les mâles, on leur aura confié les versions mâles, bien sûr. Et ils ne se sont pas "méfiés" !

Cependant, le formidable "Vocabulaire de la Déesse" (voir les critiques littéraires de ce numéro) subiste dans notre environnement. Depuis le Paléolithique, la parole de la Déesse n'a cessé de déposer des symboles, des signes, un réseau très dense de repères qui n'ont absolument pas été effacés. Pour tenter une fois de plus de la faire disparaître dans les cadres du décor, on prétend aussi qu'au Néolitique, les peuples non agraires ont remplacé la Déesse de la Fécondité du Sol par une Déesse associée au Ciel masculin.

Cette déesse céleste aurait été la Lune, régulatrice de la création et de la procréation par le chakra 2, coccygien. Et comme nous sommes éloignés de la terre, et des animaux qui en vivent, mangeant la verdure qui sort d'elle, nous accepterions l'idée de cette mère céleste, substitut de l'enfanteuse terrestre allaitante, caressante et aux flancs larges.

Voilà pour amener mon propos. Entrons à présent dans quelques considérations pour reconstituer une épaisseur de manifestation à la Grande Déesse.

Si vous êtes une femme, peut-être lirez-vous cet article en premier, et si vous êtes un homme, peut-être est-ce le dernier que vous aborderez. La simple évocation de la Déesse-Mère, en effet, est de nature à déclencher des réactions profondes, incitant des parties de nos inconscients à sympathiser ou craindre, tant est puissante la figure de la Mère Absolue.

Vous lirez, j'écris. Et je dois me montrer à la hauteur de mon sujet, ne pas décevoir. Même si un soupçon du style de celui de Marie-Louise Von Franz – doutant qu'un conteur mâle puisse inventer des personnages féminins valides, dans le cadre des Contes de Fées – pourrait intervenir pour contester ma qualification... Mais contester quoi ? Oui, je suis un homme. Vous aurez donc à ranger cet article dans le registre de « Ce qu'un homme aurait pu en dire... »

Ces deux paragraphes, que vous venez de rencontrer, situent la dimension phénoménologique de la Déesse. Ce qui y est exposé, en sus du gémissement de l'auteur d'article, courbé sur le pupitre, c'est que l'inconscient régit encore et surtout l'approche de la Déesse, et qu'elle ne sera pas tendre avec celui (ou celle, rassurez-vous) qui ne lui rendrait pas un hommage honnête.

Et si dans cet autre paragraphe, il est question de dimension phénoménologique, c'est que c'est l'angle sous lequel je compte aborder la Déesse : le phénomène, c'est à dire l'apparence, ce qui en est donné, à prendre avec ses diverses couches de présence. Un phénomène, c'est aussi un ensemble.

La première apparence du Phénomène, c'est donc que la Déesse a disparu. On sait qu'on trouve de nombreuses traces d'elle dans les sociétés néolithiques, qui peut la voir encore en Crète, en Egypte, ou sous les diverses apparences de Birgit en Europe occidentale ancienne. Elle est aussi la Bona Déa des Romains tribaux, qui sera vite fondue dans une Vénus n'étant presque plus rien, chez les Romains, après avoir été l'incroyable Ishtar, éclatée chez les Grecs en Aphrodite, Hécate, Niké, Thémis, Diké, Athéna, et surtout Alethéia et Sophia…

Pourquoi Lévi-Strauss en aura-t-il moins parlé que Maryja Gimbutas ? Parce que les ethnologues occidentaux ont principalement (disons !) été des mâles… En arrivant dans les tribus et clans à étudier, accueillis par les mâles, on leur aura confié les versions mâles, bien sûr. Et ils ne se sont pas "méfiés" !

Les versions mâles ? Eh oui, tout le monde sait qu'il existe le livre de l'homme et le livre de la femme, et qu'aucun sexe ne peut vraiment lire le livre qui n'est pas le sien. Ceux qui essaient se livrent à une transgression, plus ou moins officielle et plus ou moins réprimée (on se souviendra de Clodius Pulcher, client de César,

Cette vue d'Artiste est censée représenter un moment de rites isiaques dont on ignore, en fait, à peu près tout dans leur séquences cultuelles. Cette image était censée renseigner un article d'un Dictionnaire de l'Antiquité en 1877 (image libre de droits). En fait, les rites isiaques ont été réformés à l'époque ptolémaïque – après Alexandre – en y associant un Osiris transformé en Sérapis, et ayant lui-même l'apparence de Zeus (ou d'un de ses frères). Les sérapeum, temples isiaques, importaient de vrais objets égyptiens anciens pour leurs décors, ce qui a laissé une première couche *égyptienne* en Europe, où ce culte très en vogue chez les Romains ouvrit de nombreux temples, à l'époque ou Isis semblait devenir une divinité universelle.

Pontifex Maximus (chef de la religion d'État), qui tenta de s'introduire, en -62 dans des cérémonies féminines secrètes, déguisé en musicienne, et qui, s'étant fait découvrir, manqua d'y laisser sa peau – sans doute condamné par les dieux, il périt quelques années plus tard de mort violente).

Cybèle, divinité orientale, fut assimilée à Rhéa (épouse de Chronos et mère des dieux de l'Olympe). Elle était une déesse de la nature et de la fertilité en Asie Mineure, avant de conquérir le Bassin méditerranéen, associée au culte d'Attis, son amant qui est castré dans un épisode de son mythe. Elle fut, elle aussi, identifiée comme la Déesse Mère. C'est dans ses cérémonies que se produisait la fameuse douche de sang de taureau, et elle est demeurée assez connue en Espagne et au Portugal. A Madrid, la Fontaine de Cibeles, construite en 1782, où l'on voit la Déesse sur son char tiré par des Lions – comme dans l'Antiquité –, se situe devant la Mairie (photo Office de Tourisme de Madrid – publicité gratuite).

Si l'explication d'une réserve (ou d'une "malchance") peut expliquer sa non communication actuelle à des enquêteurs mâles, profanes et hypocrites (et n'y "croyant" pas ! On se souvient des tirades de Levi-Strauss sur les yeux révulsés du chaman écume aux lèvres, ce qui démontre de profondes analyses et sympathies), il convient d'abord de se demander, dans l'ordre du phénomène visible, pourquoi, au fil des âges et des temps, la Grande Déesse aura dû s'effacer.

Rassurez-vous, elle ne s'efface que pour ceux qui ne veulent pas la voir. En fait, les apparitions de la Vierge se sont multipliées au XXe siècle, et on sait que la Vierge est la dernière formulation de la Déesse, après qu'elle ait été Isis pendant les premiers siècles de notre ère… La mise à l'eau des bateaux au printemps, par exemple, sous l'égide de la Vierge, perpétue les importantes fêtes isiaques qui tout autour de la Méditerranée et dans le monde romain, avaient la même fonction propitiatoire. On voit la Vierge par filtre culturel, mais il s'agit de la Déesse, on l'aura compris.

Son relatif effacement est d'abord celui de l'Autre Dieu. Entendons par là qu'il s'agit du dieu qui devrait partager les honneurs dus à un dieu principal. Les clergés ont été, de tous temps, radicalement opposés à une telle conception (qui reviendrait en outre à les amputer de parts de leurs pouvoirs, privilèges et prérogatives), et on en trouvera des échos dans la Bible, au sujet du service de deux maîtres, ou de deux autels, etc. Charles Imbert (1) a, de plus, consacré plusieurs pages dans son chapitre Deux de ses *Maisons de l'Eveil* à ce sujet, qui, au fond, reviendrait à transformer le monothéisme en duothéisme, opération qui, depuis Mani jusqu'aux Cathares, s'est toujours résolue dans le sang, car punie (réprimée, refoulée) véhémentement.

Mais alors comment se fait-il que plusieurs dieux se partagent des honneurs dans un Panthéon ? Si vous regardez bien, les Panthéons sont d'abord des histoires de famille : des mythes lient et relient les diverses divinités, qui sont conjoint(e)s, enfants, frères (sœurs). Or, qu'est ce qu'une famille ? Ce sont des personnes quasi de la même "chair", obligées de vivre ensemble, dans le plus petit nucléus social, et ceci parfois… pendant toute leur vie. D'où l'idée qu'il existe des sortes de contrats, dans les familles, qui sanctionnent durement les trahisons, obligent à des aides, relient les consciences pour les obliger à s'entre-exprimer (le frère de Moïse parle à sa place). Il y aura (et il y a) un dieu du contrat : c'est Mithra. Le contrat, on le sait, est une loi particulière qui vient par des vœux (et des signatures, de nos jours où la parole manque) s'insérer dans les lois et coutumes sociales (le fameux Droit) des clans, tribus et autres nucléus supérieurs (nations, confédérations, empires, etc.)

La "famille divine" a de plus le grand avantage de faire partager le même sang, et une espèce d'identité d'esprit (l'esprit de famille est ici une fois de plus évoqué) : la Vierge s'occupera du corps du christ. Les mythes divins inter-familiaux sont donc à étudier avec le plus grand soin, car marquant des extensions symboliques porteuses de sens. Et quand on comprend, c'est comme apprendre, on entre tout à coup soi-même dans une famille de pensée.

Pour la mère fertile ayant enfanté, l'avantage d'avoir un fils, c'est qu'il peut castrer son père, le délivrant ainsi de ses assauts fécondateurs. Les mythes de castration à l'origine sont répandus, il closent la création, avec un peu de sang puisque le retour des règles signifie que ce mois-ci, la femme n'est pas "tombée" enceinte. Parfois, non seulement le fils déchaîné castre le père, mais il peut le tuer, et dans sa fureur totale, s'attaquer aussi à sa mère (c'est le cas de Mardouk, mais n'oublions pas que dans certaines versions du mythe d'Osiris, Horus porte des coups à Isis, au moment de la vengeance-rétribution).

La castration est un mythe féminin extrêmement puissant et répandu, dont on ne mesure plus vraiment non plus la portée : l'homme privé de sexe (et pas seulement de ses génitoires) redevient comme une femme, enfin. Les prêtres de Cybèle, les Galles, s'émasculeront, y compris jusqu'au chrétien Origène (les imitant), pour raison de pureté "et" pour ne plus enfanter – avec l'idée sous jacente, finale chez les Gnostiques, que s'incarner est tomber en enfer. La femme elle-même ne peut castrer, car ce serait faire couler le sang, ce qui est interdit (les armes des femmes, pour combattre le mal, par exemple, en Orient, sont la massue, le filet, le lacet, etc. …uniquement des instruments ne pouvant faire couler le sang). C'est pourquoi un fils est introduit dans le mythe : puisqu'il sort de son ventre, il est "elle", et peut agir pour sa mère.

Tous les mythes introduisant la castration sont supposés servir en fait la déesse présente dans le mythe, et sont ipso facto comme à suspecter d'une très ancienne origine, millénaire, avant ses dévolutions et récupérations par des formes masculines. Lorsque Chronos émascule Ouranos – Our anna est la lumière divine en Mésopotamie, on l'a assez répété – le Ciel, il libère Gaïa, la Terre, en lui permettant de s'étendre dans tout l'espace (ce qui est très pertinent : sous tendue par le temps, la matière naît enfin de la lumière). De même, ne pas pendant un temps retrouver le sexe d'Osiris, ce qui en fait un dieu castré, laisse Isis seule régner sur le visible, son époux revitalisé après son démembrement allant régner sur l'invisible (leur fils continue le travail de rétribution et de vengeance, on le sait). Il faudra passer sur le cas d'Attis, cette re-formulation d'Adonis (le chasseur qui ne revient pas, tué au travail), qui porte des pantalons ouverts sur le devant pour mieux faire voir son émasculation, car trois articles comme celui-ci ne suffiraient pas à tout citer et établir en diverses prolongations…

Le problème, c'est que Zeus est en fait une trinité…

On le constate, le basculement féminin-maculin peut se faire par le fils, qui est prolongation organique (un bras délégué), par substitution (le fils peut être caché, abandonné, échangé, ce qui n'est pas pour lui liberté, mais liberté pour sa mère, la Grande Déesse, et inverse du deuil passif, puisque c'est un abandon actif). Lorsqu'on a affaire à un duo père-fils, la substitution est encore plus complète : Télémaque (télé-machos, c'est celui qui combat au loin) c'est Ulysse, souffrant par substitution de la haine des prétendants, et pouvant tout seul venger le père (c'est lui, le sexe du père, tout à coup, et l'arc qui peut attaquer – de fort loin parfois). Ces identités se fondant, les théologiens ont eu moins de scrupules à présenter des innovations pour arriver à décanter leur fameux Monothéisme.

Les intellectuels du XXe siècle aimaient à continuer de sacrifier à l'idée monothéiste en soutenant que la "religion des origines" aurait pu être binaire (Soleil et Lune, ou Ciel et Terre, ou Papa et Maman, principalement), mais avec l'idée d'alignement principal sur un des deux termes de cette "religion".

Hélas, d'une part on sait qu'une religion n'existe que s'il y un clergé pour s'en occuper – on sait, depuis, que les ancêtres des prêtres étaient des chamans (la question a fait débat) –, et d'autre part, on a inventé le ou la parèdre… C'est ainsi que, trouver dans de très anciennes inscriptions : « Yahvé et son Ashéra » a été fort simplement résolu : il s'agissait bien entendu d'une parèdre, n'est-ce pas, et il est dommage que la domestique femme, de la bonne du curé à la gouvernante, ait disparu au XXe siècle, sinon tout le monde aurait saisi qu'il ne s'agissait que de sa *bonniche*.

Ce prétendu Monothéisme est non seulement trinitaire, mais accueille diverses dévotions parallèles, qui n'ont ni culte ni clergé particulier, mais restent des figures déviantes : il y eut l'enfant Jésus, ou le Sacré Cœur, et surtout, on doit considérer la Sainte Vierge, la *Madre de Dio*, qui fut à la fois vierge et féconde. On aura beau relever quantité de vierges-mères dans divers mythes, la virginité de la Vierge chrétienne la place aussi à part de toutes les tentatives pauliniennes ou pastorales

Si le Monothéisme a solutionné la Grande Déesse, il faudrait néanmoins revenir un peu avant pour mieux comprendre. Qui était-elle avant de disparaître, changée en amie céleste du Soleil, puis en mère porteuse du Divin ?

La Fécondité

La Fécondité, en tant que divinité, c'est d'abord, pour nous indo-européens de culture gréco-latine (entre autres préhensions culturelles), la Déesse Mère Déméter. Son origine est propre à la Grèce, et on pense qu'au départ, elle était la Terre, mariée, comme il se doit, au Ciel. Etant la Terre dans toutes ses acceptions, elle était l'étendue et la surface, en somme tout l'univers où l'Homme pouvait se déplacer, récolter, planter, pêcher. Même dans les versions des mythes tardifs (rappelons que nous n'avons hérité que d'une infime partie de la mythologie grecque), elle conservera des rapports très spéciaux avec Zeus.

Le problème qui distribue les rôles, c'est que Zeus est en fait une trinité… Il a deux frères qui ont quasi son aspect : l'un, Aïdès, ou même Aïdonéus (mot qui donnera Adonaï) se verra régner sur l'envers du monde, dit "le monde souterrain" (il faut bien mettre le monde invisible quelque part, et puisque somme toute c'est aussi le monde des morts…). L'autre, Pos-Aïdès, ou Poséidon (l'idée d'Eidos n'est pas loin, dans tous ces noms) aura comme attribution une partie du domaine de Déméter, le monde marin, et deviendra même "l'ébranleur du sol" (formule qu'Homère ne se prive pas d'utiliser).

On taxe de donnée pélasgique (on sait que les Pélasges auraient été les premiers habitants de la Grèce) ce Zeus Triopas, aux trois faces, aux trois aspects (la trinité se retrouvera aussi dans Hécate, correspondant à la Lune croissante, pleine et décroissante). Encore, en ce tout début, Ha-

La Triple Hécate, par Richard Cosway (1742–1821), image libre de droit du British Museum. Elle est la déesse de la lumière dans les ténèbres (ou de la Lune), et Médée la sorcière sera une de ses prêtresses. On la retrouvait aussi à Eleusis. A noter que la magie, en Égypte, est Héka.

dès n'est pas encore bien situé, et on parle à son sujet de Zeux Chthonios (le Zeus du sol). C'est un des aspects de ce Zeus trinitaire, Poséidon, qui violera Déméter, pendant l'automne, ce qui conduira à un premier deuil de la Fécondité affligée, en hiver. De ce viol naîtra la fille, Koré, Kora, bientôt indissociable de la Mère, qui deviendra l'épouse d'Aïdonéus-Hadès, le troisième frère de Zeus, comme on le verra plus loin.

Il est probable qu'une grande partie de cette Trinité mal connue (mycénienne et davantage, bien avant l'arrivée de l'écriture en Grèce), sera en fait un héritage Babylono-Égyptien. Babylone, parce que la Grèce, ce n'est pas seulement la Mer Egée et ce qui deviendra les Cités-États de la Grèce européenne. La Grèce c'était aussi tous les royaumes d'Asie Mineure : Eolide, Troade, Lydie, Carie, Cilicie, Phrygie, Lycie, Eolide, Bithynie, Paphlagonie etc. et en fait jusqu'aux sources de l'Euphrate. L'Égypte, parce que le dieu des morts sera aussi Dionysos, l'inverse d'Apollon le lumineux, par une importation directe d'Osiris (longtemps avant Sérapis, bien sûr), dans ces mêmes époques reculées (Dionysos sera ensuite célébré le 25 décembre dans tous les villages de Grèce, lors des "petites dionysies"). Ce Zeus trinitaire deviendra, toujours sous l'influence de Babylone, le patron de l'étoile de Mardouk, celle qui "organise" le ballet astronomique du système solaire, et sera finalement le Jupiter bien connu.

Très curieusement, Aïdonéus (qu'on cache, lui, sous le nom d'Hadès) est à la fois son beau-frère, et son fils Dyonisos-Iacchos (et Orphée)…

Peu importe, peut-être, car en définitive, ces trois aspects seront finalement réunis sous la figure de Sérapis, prenant l'aspect sculpté de Zeus (plus le Kalathos, qu'on dit être la coiffure cylindrique de certains prêtres, mais qui serait en fait le boisseau, donc la mesure des récoltes fécondes). Sérapis, on le sait, c'est Osiris reformulé pour tout le monde méditerranéen, mais il fut importé sous la forme d'une divinité marine de la Mer Noire, donc un Poseidon local : il est donc dieu des eaux, dieu des morts, dieu de la Lune, mais aussi dieu du Ciel, et dieu de Jupiter, puisqu'il est aussi Zeus. Ne nous y trompons pas, toutes ces assimilations syncrétiques étaient en train de faire le lit du Monothéisme et d'un Roi du Ciel, qui ne serait plus associé à la Lune (et à Jupiter), mais au Soleil, ce notre père qui est aux cieux : sans son action fertilisante, les plantes ne pourraient pas sortir de Terre.

Mais assez parlé du Dieu le Père… Qu'en est-il de la Déesse la Mère ? Sa conception demande un complet renversement de ce que, de nos jours, on voit neutre ou indéterminé, c'est-à-dire, si on regarde bien, "masculin en quelque sorte". Sous le règne de la Grande Déesse, le féminin est bien davantage étendu dans la création : l'Ours est en fait l'Ourse, le Daim est la Biche, le poisson est la poisson. Si un géant est supposé dormir derrière la colline, c'est en fait une géante. Le matriarcat n'est pas seulement la Loi de la Mère, c'est une manière globale d'envisager un indéterminé comme devant se révéler féminin. Même si, de nos jours, beaucoup de femmes arrivent à voir et concevoir sous ce type de paradigme, il reste assez inconnu à beaucoup d'hommes, qui imposent avec naturel leur façon de voir : on dit « Qu'y a-t-il comme ingrédients

La déesse Durga Mahisasuramardini, combattant Mahishasura, le Démon-taureau (Mythologie hindoue). Nous retrouvons ici un moment du mythe du Dieu Mithra (et non pas Mitra) revenu de l'Occident : au lieu d'un Lion, la déesse chevauchera un tigre, juchée sur le Taureau-minotaure, devenu maléfique, lointain reflet d'un Dionysos venu aux Indes, selon son mythe grec. Image de l'école Guler, XVIIIe siècle (libre de droits).

dans cette recette ? » et non : « Qu'y a-t-elle comme composantes dans cette formule ? »… De même, avant de savoir qui conduit, on dit : « Le conducteur de ce bus va t-il prendre au nord ou au sud ? », au lieu de dire : « La conductrice de ce bus va-t-elle aller nord ou sud ? » (puisque on ne l'a pas encore vu(e)…) Le patriarcat ne se définit pas seulement comme un ensemble de lois, mais comme système de pensées sexualisées culturellement, ce qui fait penser à certaines personnes que renverser une sexualisation culturelle pourrait mener à l'entier renversement du patriarcat… De fait, les divers matriarcats rencontrés par les ethnologues sont en fait des patriarcats inversés.

Cependant, la puissance de Déméter, la Grande Déesse Eleusinienne, un temps sœur et épouse de Zeus avant que Héra la remplace (et l'évacue même des 12 Olympiens ! – on sait qu'il y a quelques suppléants pour les douze : Hestia, Déméter, Dionysos et Hadès) n'a jamais réussi, même avec le concours de ses fils (de Iacchos à Triptolème, le trois fois sauveur, Jésus en somme) a renverser le cours de l'effacement de la Grande Déesse. C'est que d'une part, Déméter était fort ancienne (et les dieux se dévitalisent avec l'âge, on le sait), et que d'autre part, elle était devenue l'objet de Mystères, et, par le biais de sa fille, une divinité, sinon occultée, du moins cachée. Sa fille lui étant indissolublement liée dans son mythe, Déméter est en fait "La mère et la fille"…

Curieusement, Aïdonéus (caché, lui, sous le nom d'Hadès) est à la fois son beau-frère, et son fils Dyonisos-Iacchos (et Orphée)… Perséphone épouse en fait son frère… Tout ceci étant dissimulé par des millénaires de rites modifiés, de reformulations de fonctions (Dionysos étant lui aussi célébré le 25 décembre dans les campagnes grecques, ce qui est normal puisqu'il est aussi Osiris), et de changements de noms (le frère double de Dionysos l'obscur, c'est-à-dire Apollon le clair, ramassera la lyre d'Orphée… pour aboutir à être Hermès, figure exprimant en fait ce qu'il a toujours été : Orphée l'occulte).

En Grèce, nous aurons le Minotaure, créature lunaire.

Le très beau mythe de Déméter perdant sa fille Perséphone raptée par Aïdonéus le frère de Zeus n'est pas resté confiné à Eleusis, et c'est heureux. Il nous expose aussi les rapports de la Grande Déesse avec l'au-delà, situé "sous le sol" (les plantes sortent du sol pour revivre), ce qui est la grande problématique d'Eleusis. Peut-être y exposait-on aussi qui était Dionysos-Osiris-Iacchos. Un autre mythe est absent, celui des rapports de la Grande Déesse Déméter avec le troisième frère, Poseidon, le dieu des eaux (l'Océan faisait le tour du monde). Il faudra noter que la dépossession de la Mer, pour Déméter, correspond selon Steven Stora à un *"Triomphe des dieux des mers"* (2), dont il sera rendu compte plus avant, ces épisodes étant très mal connus.

A la base de cette enquête sur l'effacement de la Fécondité, il y a l'idée selon laquelle, à nouveau, Homère raconterait autre chose que la Guerre de Troie. "A nouveau" parce que les questionnements n'ont jamais cessé sur l'exactitude et les intentions de Homère, "cet éditeur bien plus qu'auteur" – la formule se trouve chez Steven Sora. Certes, nous savons qu'Homère a assemblé des poèmes, des mythes, (comme pour Arthur et Gilgamesh, voir *Les 12 Maisons…* op. cit.), et qu'il a placé, 600 ans en arrière, des faits à la genèse d'une culture censée écouter les chroniques de ses origines (la même chose fut opérée avec le Moïse de la Bible).

Les Grecs eux-mêmes devaient s'en douter, puisque Troie n'était qu'à 5 jours de mer d'Athènes, et Ithaque à deux semaines de navigation normale, ce qui rendait difficile des "silences de 10 ans", ou de prétendues coupures totales d'informations. Nous savons aussi, grâce aux travaux de Gilbert Pillot (3), que l'itinéraire d'Ulysse prend place en fait dans l'Atlantique, contant un voyage d'exploration, ou les aventures et vicissitudes de marins sur la route de l'étain, route les ayant mené jusque – au moins – en Islande. Steven Stora pense, lui, que les poèmes d'origine sont en fait celtiques, revenus des bords du monde celte (Irlande, Écosse). Si on considère que la culture celte s'est elle-même étendue, depuis avant -4000, depuis le Danube, ceci n'est en somme qu'un juste retour des choses.

Quels poèmes, quels contenu ? Stora relève que l'ancien nom celte pour la Lune, Car, se retrouve de la Baie de Cardigan (Pays de Galles) à Carnac en passant par la Cornouaille, devient Carmona en Espagne, Carmenta chez les Etrusques, et a donné les mots carnaval (une fête dionysiaque) ou cardiaque (en relation avec la déesse de l'Amour, qui n'est plus la Lune), en relation avec ce qui est carnal, charnel, la chair. Elle se retrouverait dans Karma, et dans Kore ou Kora, la fille de Déméter, dans l'arabe Q're. Kari, en Malaisie, est la Grand-Mère qui vit dans les flots et, comme Poséidon, crée les tsunamis. Il se livre ensuite aux mêmes associations avec moon, mana, mania, mantique, manes et Minerva chez les Romains (héritée de la Menvra étrusque). En Grèce, nous aurons le Minotaure (créature lunaire, le taureau lui étant associé), et jusqu'à Ménélas, qui perd sa femme enfuie chez les Troyens. En Égypte nous aurons Khemennu, le pays de la Lune, dans le Nil supérieur, Menes étant l'unificateur de l'Égypte (la déesse de la Lune étant Menos en Égypte), et les premiers Pharaon régnèrent à Memphis. Tous ces noms similaires pourraient amener à sourire, s'ils ne balisaient pas une culture mégalithique dont nous ne savons pas grand chose : à Karnak comme à Newgrange, le premier rayon solaire du premier mois de la nouvelle année passait par un alignement de pierres érigées, afin d'éclairer une cible.

L'étape suivante est de recenser les mythes contant la destruction par la mer de cités ou îles "féminines". On peut commencer en citant le roi de la Cornouaille celte, Gradlon, qui ne pouvait dire non à sa fille, née en mer lorsque le roi revint de ses noces avec sa très belle femme, laquelle mourut alors en couches. Sa fille demanda à Gradlon de construire Ys (ou Ker-Ys), au bord de l'Océan, une ville aux murs de bronze, pro-

Admettez-le, vous vous attendiez depuis le début de cet article à rencontrer quelque "Vénus de Lespugne" ou une autre figure stéatopyge datant des débuts du néolithique. Voici donc la fameuse Vénus de Çatal Hüyük, une ville anatolienne ayant couvert 13 hectares vers environ -6000 ou -7500. Retrouvée dans un silo à grain, elle est en terre cuite, mesurant 13 cm environ (la Vénus de Lespugne fait environ 14 cm). On "n'est pas sûr" que ce soit une Déesse Mère et son fauteuil est sculpté avec des formes animales, dont on a décidé qu'il s'agissait de léopards.
Museum of Anatolian Civilizations, Ankara. Photo Nevit Dilmen, Creative Commons.

La Dame de Brassempouy, la plus ancienne représentation réaliste d'un visage humain, datant du Gravettien (entre -26000 et -24000 ans). Découverte en 1894 dans les Landes, elle est réalisée en ivoire de Mammouth, et haute de 3,65 cm.

tégée par une digue. La ville devint un lieu de plaisir, offensant les dieux de la mer. Prévenu d'avoir à fuir, Gradlon quitta Ys, qui fut aussitôt submergée par les flots.

Le lien dans le mythe peut se poursuivre avec le Labyrinthe, aux âges mégalithiques. Celui de Crète était connu comme le Palais du roi Minos et de sa femme (les Crétoises étant dites libres de mœurs). Ce palais comptait, dit le mythe, environ 400 chambres. La légende est probablement à relier avec les chambres mortuaires de Malte, où des labyrinthes de trente-trois pièces bâties en énormes pierres (dont un à Hal Saflieni) servirent à stocker des milliers de squelettes, les restes des habitants. Le Labyrinthe, dans une île, était ainsi le lieu de la mort. La présence en Crète d'un ogre Minotaure (tué par Thésée), taureau de Minos, lié au symbolisme lunaire, peut correspondre à la présence en Sicile de la Gorgone aux cheveux en serpents (tuée par Persée), tellurique elle aussi, vivant dans une grotte, à l'origine une divinité ou même une reine.

La connection des îles féminines avec l'Atlantique pourrait se faire avec une autre île, la Sardaigne, nommée Ogliostra à la préhistoire, où on trouvait les mines d'une pierre précieuse, l'agate. Gog et Magog (voir la prophétie d'anéantissement par Ezechiel) sont peut être ainsi à relier avec le dieu Irlandais Ogma, tandis qu'Ulysse vécut (captif ou coupable ?) avec Calypso sur l'île d'Ogygie (dans l'Atlantique, voir Pillot, op. cit.).

Ainsi, le Triomphe du Dieu de la Mer est encore plus insidieux, complet et masqué, que le triomphe du Dieu des Enfers reléguant la Déesse Mère, divinité de la Terre, à être une divinité de sous la terre (au moins, nous avons le mythe d'Eleusis pour nous renseigner sur cet établissement de la Mère de Dieu en Mère des Morts). Lorsque nous cherchons des yeux celle qui enfanta et créa, nous n'avons plus que des impostures et substitutions masculines.

La fin de la période mégalithique, il y a 5000 ans, correspond au début de l'érosion du pouvoir de la Déesse Mère. Comme le notait Marija Gimbutas l'ayant daté dans la culture Kourgane (steppes au dessus de la Mer Noire, et foyer de proto-indo-européens), ce déclin se poursuivit jusque vers -1400. Pendant ce temps, diverses hégémonies maritimes se succédèrent en

Méditerranée. On postule un premier règne de la marine égyptienne au troisième millénaire, suivi par une expansion phénicienne, stoppée par le développement de la piraterie grecque (La guerre de Troie serait une coalition de pirates allant assiéger une ville Hittite). Chaque passage de flambeau était vu comme un échec, une ruine, une submersion, les comptoirs commerciaux se retrouvant isolés et ne pouvant plus compter que sur eux-mêmes, à la merci des dieux de la mer. Il ne faut sans doute pas aller chercher ailleurs (Steven Sora voit des Troies mythiques un peu partout, mais il faut le laisser à ses vues) l'origine de l'idée que les îles, placées sous des emblèmes féminins, avaient succombé aux dieux de la mer.

Chez Homère, les femmes ne sont pas la source la vie, mais laissent souvent la porte ouverte au mal (en anglais Evil, ou Eve-hell), comme le suggère également la boîte de Pandore. Et puis, la guerre de Troie, c'est à cause d'une femme (Hélène), qu'on veut récupérer, l'Iliade, c'est à cause d'une femme (Briséis), qu'Achille veut récupérer, et l'Odyssée, c'est à cause d'une femme (Pénélope), qu'Ulysse veut récupérer. Bref, les femmes sont devenues à blâmer, ce qu'elles ne sont pas avant Homère, puisque les sources de celui-ci donnent un rôle mystérieux aux femmes (femmes illustres aux enfers, noms de femmes codés, etc.)

Ulysse à Ithaque se livre à un double massacre : celui des prétendants, et celui, odieux, des servantes qui ont couché avec ceux-ci. Simplement, Homère glisse très vite sur la seconde exécution, sans que cette fois personne ne se défende (ce sont des esclaves), et en quelques courtes lignes, expédiant l'horreur : les femmes sont pendues alignées, avec une seule corde.

Dieu le Père devrait ainsi être Dieu la Mère… Comme il y a la Sainte Vierge, tout problème serait évacué. Le propre de la Vierge, en général, c'est d'être privée d'enfantement, de fécondité. Le truchement de l'Esprit Saint (qui fut au départ l'Esprit séparé – c'est-à-dire saint, hagios – du Soleil) pour déclencher une fécondation organique mystérieuse – au printemps, la lumière du Soleil redonne la vie sans action matérielle, et les larves se transforment en insectes complets à partir d'une gelée semblant putréfaction dans les cocons – reste dans la grande tradition du frère qui est Un, et du fils qui est le père, tout comme la fille de Déméter est aussi celle-ci.

En ce beau printemps de 2019, Déméter-Gaïa, la Grande Déesse, est à nouveau fécondée par l'influx d'Apollon solaire, le frère-cousin du dieu des Morts. Tous ces rôles, tous ces masques nous invitent à soulever le voile, pour contempler, sinon Vénus dans sa terrible beauté, du moins la vérité nue : la Grande Déesse se cache elle-même, et a décidé de parfois se cacher dans le masculin, pour mieux constamment créer, sou-tenir le Vrai, le Bon et le Beau.

Eric Hermblast

1 - Charles Imbert, *Les 12 Maisons de l'Eveil*, Eclosion, 2018.
2 - Steven Sora, *The Triumph of the Sea Gods*, Destiny Books, 2007.
3 - Gilbert Pillot, *Le code secret de l'Odyssée - Les grecs dans l'atlantique*, Robert Laffont, Paris, 1969.

LA SHAKTI

La puissance divine est d'essence féminine

Jean-François Henry - Cinéaste, Vidéaste, Scénariste

« Les théologiens brahmaniques s'accordent à penser que chacun des dieux (tous mâles !) du panthéon védique est doté d'une capacité d'agir (en sanskrit : *shakti*) susceptible d'être vénérée comme une déesse.

Certaines de ces déesses acquièrent une autonomie marquée ; Lakshmî (parèdre de Vishnu), Pârvatî (épouse de Shiva), Sarasvatî (de Brahmâ), paraissent disposer d'une certaine liberté d'action qui s'exprime dans les récits mythiques où on les voit affronter leurs compagnons. » (Jean Varenne)

Selon la spiritualité hindoue, le principe masculin ne peut donc agir, créer, se manifester, sans la présence d'un principe féminin ; le Un est infécond sans le Deux. Mais dans les temps les plus reculés, bien avant les brahmanes, il semble que le Un ait été Une et que Dieu ait été Dieue !

La femme des origines

Au paléolithique :
« À l'image de l'être humain, le monde devait avoir eu une naissance et aurait une fin. La Nature maternelle fournissait le premier modèle, celui de la mère nourricière et éternellement productive. Elle donnait l'image d'une générosité absolue, celle signifiée par les trois Vénus de Laussel, qui tendent une corne d'aurochs. Féminité lunaire, corne d'abondance, mère des animaux, tous ces bas-reliefs montrent des attributs outrés : seins lourds et pendants, ventre rond, triangle pubien souligné, cuisses larges et hanches exagérément volumineuses. En revanche, la tête n'a jamais été dessinée et leurs pieds demeurent simplement soulignés. Ce modèle conduit à ce que les archéologues ont nommé Vénus aurignaciennes. » (Myriam Philibert)

La ressemblance physique entre ces Vénus callipyges et la Déesse Mère trônant entre deux léopards assis (manifestant ainsi la supériorité de l'agriculture sur la chasse), découverte à Çatal Hüyük en Turquie, et datant de 6000 ans avant J.C. (voir illustration page 47, *ndlr*), semble démontrer que le culte de la féminité s'est poursuivi sans discontinuer du paléolithique au néolithique.

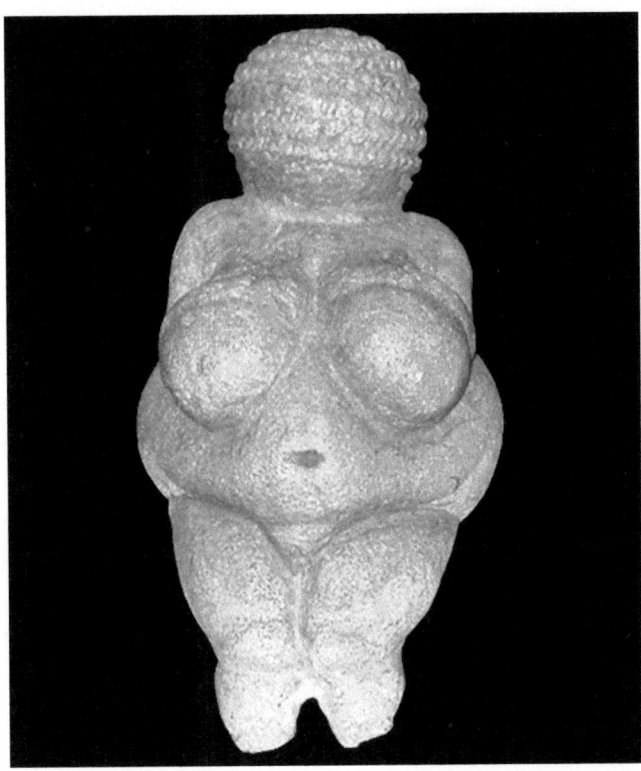

Venus de Willendorf, Naturhistorisches Museum, Vienne. Photo : Oke (Own work)

Bien avant que les dieux créateurs ne revêtent l'apparence d'un pouvoir masculin, ils ont été femmes.

• À Sumer où la déesse Nammu, Mer Primitive donne naissance au Ciel et à la Terre.

• Chez les Celtes, Rhiannon, représentation de la souveraineté féminine, est garante de la fécondité du royaume. Elle est souvent associée à Dana, déesse du peuple des Tuatha Dé Danann et mère des trois Brigit, déesses de la fertilité, de la poésie et de la métallurgie.

• « La plupart des Indiens d'Amérique du Nord considèrent la Terre comme une Déesse Mère qu'ils identifient à une femme. » (Xavier Yvanoff)

• « Chez les Navajos et les Apaches, elle se nomme *Femme Changeante*. Divinité principale de leur panthéon, elle a créé la Première Femme et le Premier Homme. » (Shahruhk Husain)

• En Amérique centrale, les Aztèques vénèrent Coatlicue, déesse de la fertilité, de la vie et de la mort, elle est la mère de tous les dieux. Elle a donné naissance à la lune, aux étoiles, au soleil.

• Pour les Caribes, la Déesse Amana, premier être de l'univers, vit dans la voie lactée. Elle a créé les planètes, dont le Soleil et la Terre.

• Au Pérou, Pachamama (Terre fertile) est une divinité antérieure aux Incas qui bénéficie d'un culte encore vivace aujourd'hui.

• « Chez les Russes elle était dénommée Mati-Syea-Zemlia, ce qui veut dire Mère-Terre-Humide. » (Félix Guirand)

• En Chine, si c'est le géant Pan Gu qui sépare le Ciel de la Terre, c'est Nügua, la Déesse-Mère, à la tête humaine et au corps de serpent, qui façonne les premiers Hommes.

• Chez les Ibo d'Afrique, la déesse de la Terre est représentée sous la forme d'une femme avec un enfant sur les genoux…

« Le thème de la Terre-Mère qui enfante, nourrit et reçoit les Hommes à leur mort est un des thèmes les plus chers aux mythologies du monde entier. Il est présent partout, clairement exprimé dans les mythes, mais aussi dans les légendes, les pratiques ou les rituels. La réponse que fit Smohalla, le chef de la tribu Wanapum aux colons qui lui suggéraient de travailler la terre, constitue l'un des exposés les plus explicites sur ce thème : « Vous me demandez de labourer le sol ? Irai-je prendre un couteau pour le plonger dans le sein de ma mère ? Mais alors, lorsque je serai mort, elle ne me reprendra plus dans son sein. Vous me demandez de bêcher et d'enlever des pierres ? Irai-je mutiler ses chairs afin d'arriver jusqu'à l'os ? Mais alors, je ne pourrai plus entrer dans son corps pour naître à nouveau. Vous me demandez de couper l'herbe et le foin, de le vendre et de m'enrichir comme les blancs ? Mais comment oserai-je couper la chevelure de ma mère ? » (Xavier Yvanoff)

Le chasseur-cueilleur qui fait de la Terre une déesse, qui assimile son sol à sa chair, ses pierres à ses os, ses plantes et ses arbres à ses cheveux, ses fleuves à son sang, en fait, par analogie, la créatrice incontestée de la vie et de la mort.

Cette analogie s'est maintenue durant plusieurs milliers d'années dans la plupart des déesses majeures de l'Antiquité. Ainsi en Grèce, Déméter est la déesse de la terre féconde, « des fruits et des richesses que dispense l'agriculture », mais aussi de la mort et de la résurrection.

« L'élaboration de la civilisation grecque découle de la rencontre de deux conceptions du monde et de deux réalités. D'une part une civilisation proprement méditerranéenne, autochtone, agricole et matriarcale, et d'autre part celle des envahisseurs indo-européens, civilisation patriarcale et pastorale. Cette dernière est représentée par Zeus, le dieu du Ciel, tandis que la civilisation proprement méditerranéenne et agricole est représentée par Déméter, la Déesse Mère. » (Ibid)

Au début, l'humanité était persuadée que la femme était la grande responsable de la procréation.

En Égypte, Isis a pour attribut principal les cornes d'Hathor, dont le corps constitue l'étendue céleste et qui a donné naissance au soleil. La popularité d'Isis, déesse psychopompe, est telle qu'elle assimile progressivement la plupart des divinités féminines du bassin méditerranéen, si l'on en croit Apulée :

« Les Phrygiens m'appellent Pessinuntica, la Mère des Dieux ; les Athéniens me nomment Artémis la Cécropienne ; pour les Chypriotes, je suis Aphrodite de Paphos et pour les archers de Crète, Dietynna ; les Siciliens m'appellent Proserpine la Stygienne et je suis l'ancienne Déesse des récoltes d'Éleusis. Certains me nomment Junon, d'autres la guerrière Bellona, d'autres Hécate, et d'autres encore Rhamnubia. Il n'y a que deux races qui me donnent mon vrai nom, celui de la Reine Isis ; ce sont les Éthiopiens dont les terres sont situées au soleil levant et les Égyptiens qui excellent dans les sciences anciennes et me vénèrent avec un faste digne de mon rang. » *** (voir la note en bas de page)

Il est fréquent que les déesses adoptent les attributs des divinités auxquelles elles sont associées (cornes, torches, serpents, coiffes lunaires ou solaires…). Citons Artémis, déesse vierge et chasseresse, qui, en fusionnant avec Cybèle, originaire de Phrygie, déesse de la fécondité, adopte les attributs spécifiques de cette dernière. La statue de l'Artémis d'Éphèse portant sur sa poitrine plusieurs rangées de protubérances, à première vue mammaires (qui lui ont donnée le nom d'Artémise polymaste) est célèbre. Toutefois, les historiens considèrent aujourd'hui qu'il s'agit plutôt de testicules de taureaux, voire d'humains. Car le culte de Cybèle s'accompagne de la castration de ses prêtres. Mais quelles qu'elles soient, ces protubérances ont à voir avec la fécondité.

Le sexe des dieux

« Les témoignages les plus anciens de la mythologie concordent avec les observations des ethnologues : au début, l'humanité était persuadée que la femme était la grande responsable de la procréation, et le premier culte qui a été rendu à une divinité a probablement été celui d'une Déesse Mère. Par contre, quand le mâle s'est mis à affirmer qu'il jouait un rôle prépondérant dans la fécondation, les

*** Le lecteur aura noté que cette citation d'Apulée figure aussi en page 36, à ceci près qu'elle nest pas identique : nos auteurs ont usé de traductions différentes. Nous avons respecté les deux, à toutes fins d'édifications (*ndlr*)

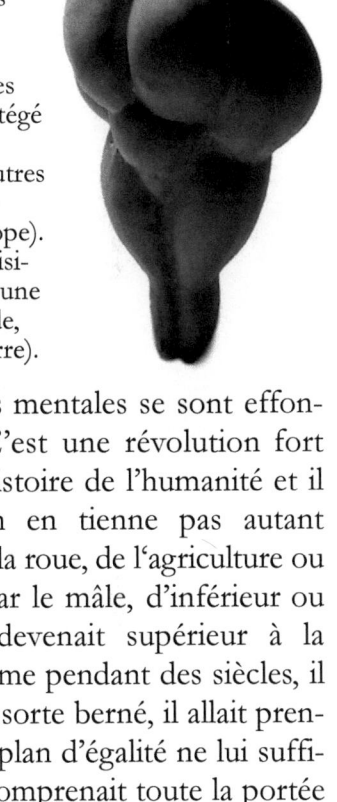

La très célèbre "Vénus de Lespugue" (Gravettien, paléolithique supérieur); France, Musée de l'Homme, Paris. Photo José-Manuel Benito (Locutus Borg).

Ce style de représentation n'a pas vraiment disparu. On rencontre dans les îles britanniques la *Sheela Na Gig*, ou sculpture figurative féminine aux traits grotesques, présentant une exagération du sexe, le plus souvent dans les églises et les châteaux. Elles auraient protégé contre le Diable et la mort (comme les gargouilles et autres démons grotesques dans les églises et cathédrales d'Europe). Ce nom, qui n'est pas traduisible, est irlandais (on trouve une centaine de *Sheelas* en Irlande, contre la moitié en Angleterre).

anciennes structures mentales se sont effondrées d'un coup. C'est une révolution fort importante dans l'histoire de l'humanité et il est étonnant qu'on en tienne pas autant compte que celle de la roue, de l'agriculture ou de la métallurgie. Car le mâle, d'inférieur ou d'égal qu'il était, devenait supérieur à la femme (…) Et comme pendant des siècles, il avait été en quelque sorte berné, il allait prendre sa revanche. Le plan d'égalité ne lui suffisant plus puisqu'il comprenait toute la portée de sa puissance, il allait passer directement au plan de la domination. » (Jean Markale)

Si Markale situe la subordination de la femme au début du néolithique, vers 8000 avant

La Vénus de Vesstonickà à l'exposition "Chasseurs de Mammouths" au Musée national de Prague. Photo Petr Novák, Wikimedia Commons.

J.C., moment des premières sédentarisations agricoles, André Van Lysebeth date cette prise du pouvoir par les hommes il y a 4500 ans, lors de l'expansion indo-européenne et de l'effondrement de la civilisation dravidienne du bassin de l'Indus.

Les dravidiens considèrent la femme comme l'égale de l'homme, le lignage y est matrilinéaire et les fouilles des sites de Mohenjo-Draho et d'Arappa, cités qui comptaient plusieurs dizaines de milliers d'habitants et entretenaient des relations commerciales avec des pays très éloignés, ont livré d'innombrables représentations de déesses de la fertilité. Les Indo-Européens en revanche sont des pasteurs nomades, qui ont quitté les steppes de la Mandchourie à la recherche de pâtures pour leurs troupeaux. Ils ont perfectionné les armes (javelots, arcs, épées) et se sont aguerris au combat en inventant le char à roues à rayons.

« En étudiant les langues indo-européennes, on a pu démontrer qu'ils ne possédaient aucun mot pour désigner une déesse du sol et nous savons que dans leur univers les statuettes féminines étaient peu nombreuses. Ce sont des nomades avides de razzias et de conquêtes, militairement très organisés. Leur structure familiale est de type patriarcal et leurs divinités principalement célestes, comme il convient aux peuples nomades. » (Xavier Yvanoff)

L'expansion des Indo-Européens, à partir du deuxième millénaire avant notre ère, par invasions violentes ou par lent brassage (les historiens ne sont pas d'accord), s'étend du nord de l'Inde au pourtour méditerranéen et jusqu'en Scandinavie. Elle serait donc, selon Van Lysebeth, la principale cause de disparition du culte de la Déesse Mère et du pouvoir des femmes, traditionnellement en charge de la terre. Car « les peuples conquérants éradiquent tout ce qui n'entre pas dans le moule de leur dogme. » (Myriam Philibert)

Même si la volonté du vainqueur est d'éradiquer la culture du vaincu, celle-ci prend toujours sa revanche et, malgré l'instauration de dieux mâles vindicatifs, les déesses protectrices, principes de fécondité, ne disparaissent pas pour autant. La plupart des déesses du pourtour méditerranéen, qu'elles soient nourricières ou guerrières, ont conservé des caractéristiques spécifiques de la Déesse Mère, qui ne disparut jamais totalement.

À la lecture de ces éléments nous comprenons pourquoi Kâlî est la plus célèbre des Shakti

En Inde, elle survit aux invasions aryennes, soit en devenant des divinités fluviales mineures qui reprendront de l'importance au fil des siècles, soit en s'associant aux dieux masculins pour devenir la source de tous leurs pouvoirs. C'est la Shakti (ou Sakti).

« En Inde, au VIIe siècle, des textes mystiques appelés Tantra commencent à propager le concept de Sakti : l'énergie féminine brute, la puissance primordiale sans laquelle les dieux ne pourraient pas fonctionner. Les femmes sont la divinité, elles sont le souffle vital, affirme un Tantra. » (Shahrukh Husain)

Précision sur les Tantra

Le Tantrisme est une variante de l'hindouisme qui vénère l'énergie cosmique sous la forme féminine des divinités, la Shakti. « Le Tantrisme est indien et concerne la plupart des religions issues de l'Inde : Hindouisme, Jaïnisme, Bouddhisme, dans une moindre mesure le Soufisme musulman fortement imprégné de mystique indienne. Le Tantrisme se fonde sur un ensemble de textes ou « tissus » (tantra) qui traitent de l'énergie féminine possédée par les êtres suprêmes et permettant à ces mâles d'agir. Car dans cette théologie, le féminin est actif et le masculin passif. Le sexe faible est la force des dieux. » (Odon Vallet)

Tantra signifie trame et par extension doctrine. Il a une origine très ancienne et remonte aux fondements de l'Hindouisme. Il s'agit d'un système de pensée qui considère que le principe universel est constitué par deux énergies complémentaires, masculines et féminines. Le Tantrisme postule que l'univers a été créé par le désir (Kama) et que la délivrance ne peut intervenir qu'en associant le désir à la spiritualité par la pratique d'exercices yogiques très ritualisés, impliquant méditation, contrôle de la respiration, des énergies internes et externes, récitation de mantras et, bien sûr, ce qui fait la joie des Occidentaux, une pratique sexuelle, reflet de l'acte cosmique originel.

« Pour le Tantra, la conquête de l'illumination exige que soient brisées toutes les chaînes des conventions et des habitudes. Or la notion de dignité et de respectabilité est l'une des plus dangereusement insidieuses des ces chaînes. La pratique du Tantra exige une vie exilée du monde et la rupture avec la société non tantrique. Pour

"Maa Kali Marble Statue", par *Manufacturer & Exporters of Maa Kali Marble Statue*, Agra. Contact : Vishal Maheshwari, Jamuna Kinara Road, Near Vedant Mandir, Jeoni Mandi, Agra, Uttar Pradesh - 282003, India. (publicité gratuite).Kali ne danse pas sur Shiva, mais sur un démon ayant son apparence ; une autre version du mythe la fait danser par erreur sur Shiva : de honte, elle tire la langue...

accomplir le rite supérieur de réintégration, il faut que les rapports sexuels aient lieu pendant les menstruations du partenaire féminin, époque où son énergie femelle « rouge » est à son apogée.

Mais l'idéal est encore que le rite soit consommé dans un champ crématoire au milieu des cadavres, des bûchers flamboyants, des corbeaux et des chacals qui se repaissent d'ossements... Tout en ne faisant plus qu'un, connaissant ainsi l'état préexistant à la séparation originelle, le Tantriste peut assister à la décomposition de tout ce qui fait pour lui le prix de la vie. » (Philip Rawson : *Tantra, le culte indien de l'extase*) Nous sommes très loin de la vision érotique que les Occidentaux se font du Tantrisme à partir d'une lecture superficielle du *Kamasutra* (*Livre du désir*).

---

*La déesse Tripurà est donc
la Conscience globale, pure, illimitée*

À la lecture de ces éléments nous comprenons pourquoi Kâlî est la plus célèbre des Shakti. Pourtant associée à de sanglants sacrifices humains, elle compte encore aujourd'hui de nombreux dévots pour qui elle est « une amie compatissante, prête à pardonner tous les manquements et à accueillir dans son paradis tous ceux qui l'aiment. » (Jean Varenne). Kâlî est avant tout la déesse de la renaissance et de la vie avant d'être celle de la mort. Présente à l'origine dans les Véda comme une Déesse Mère, elle devient au fil du temps la Shakti de Shiva (le Bienveillant, *ndlr*).

« Kali, shakti de Shiva est généralement représentée sous des traits effroyables, une femme noire, nue, la chevelure au vent, tirant la langue, portant un collier de têtes humaines, foulant au pied le corps de son époux, brandissant un couteau sanguinolent et une tête fraîchement coupée. Et pourtant, elle est par excellence la Divine Mère, même pour des hommes aussi doux et purs que Râmakrishna, qui la voyait, l'écoutait, l'adorait. Pour Shrî Aurobindo, elle est splendide énergie, volonté écrasante, qui détruit impitoyablement toutes les imperfections, et exige que l'homme sacrifie tout ce qui lui est le plus cher pour s'en aller, libre dans la vie spirituelle ardente, vers la libération. Quant au collier de crânes, plus d'une fois des Hindous m'ont dit gravement : « La mère m'a déjà coupé plusieurs têtes. » Ils entendaient évidemment par là que dans le processus de l'évolution spirituelle accélérée que met en œuvre Kâlî, l'homme doit à intervalles plus ou moins rapprochés faire abandon complet de la personnalité qu'il s'était constitué pour la remplacer par une autre, plus haute, plus pure, plus proche de Dieu. » (Jean Herbert)

Entre le VIIe et le XVe siècle de notre ère, Kâlî se débarrasse de toute association avec un dieu mâle pour recouvrer sa puissance originelle et s'impose à ses fidèles comme la créatrice ultime et incontestée de l'univers. La femme reprend sa souveraineté initiale. L'acte sexuel originel disparaît, l'énergie féminine n'a plus besoin de l'énergie masculine pour créer.

« La femme a créé l'univers, elle est le corps même de cet univers.

La femme est le support des trois mondes, elle est l'essence de notre corps. Quelque forme qu'elle prenne, celle d'un homme ou d'une femme, c'est la forme supérieure.

Il n'existe pas d'autre bonheur que celui procuré par la femme.

Il n'est d'autre voie que celle que la femme peut nous ouvrir.

Il n'y a jamais eu et il n'y aura jamais, ni hier, ni maintenant, ni demain, d'autre fortune que la femme, ni de royaume, ni de pèlerinage, ni de yoga, ni de prière, ni de formule magique, ni d'ascèse, ni de plénitude autre que celle prodiguée par la femme. » (Hymne à la déesse, extrait du *Sakti sangama tantra*. Texte bengali du XVIe siècle)

Une autre Shakti souveraine, moins connue que Kâlî, mais disposant des mêmes attributs et des mêmes pouvoirs, mérite toute notre attention car sa doctrine se révèle d'une modernité troublante.

La déesse Tripurà

Le *Tripuraràhasya* ou *Doctrine secrète de la déesse Tripurà* est un texte s'insérant dans le vaste corpus de la littérature tantrique. Traduit du sanskrit par Michel Hulin, il se présente sous la forme d'un dialogue entre un maître et son disciple et fait appel à une suite de contes initiatiques subtilement emboîtés.

La déesse Tripurà est l'essence de toute chose. Voici comment elle se présente aux sages qui invoquent sa bienveillance :

« Ma forme transcendante est le plan d'existence évident pour chacun, où le monde apparaît, dure et disparaît comme un reflet. Ceux qui ne connaissent pas le Soi perçoivent cette forme sous les traits même de l'univers. Mais aux yogins, elle apparaît dans la pure conscience de Soi, sous l'aspect d'un insondable et immobile océan. Mes fidèles, dans les transports de leur dévotion, la vénèrent d'un amour désintéressé. Tout en la sachant essentiellement identique à eux-mêmes, ils suscitent par l'imagination une différence entre elle et eux, afin de pouvoir l'adorer. Elle est ce qui, de l'intérieur, anime les sens et l'organe mental. Elle est ce qu'en disent les textes sacrés : si elle ne se manifestait pas, rien n'existerait. Sadàsiva, Isàna, Brahma, Visnu, Siva, Ganesà, Skandha, les protecteurs des points cardinaux, Laksmi et les autres sakti, les troupes des dieux mineurs, les démons, les serpents, les génies, tous ces êtres dignes de recevoir un culte, ne sont que des manifestations secondaires de Moi-même. »

Les auteurs du *Tripuraràhasya* considèrent donc la déesse Tripurà comme la créatrice des multiples dieux et des innombrables univers. Elle est l'Unité à l'origine de la multiplicité. « Tout ce qu'elle manifeste demeure contenu en elle, comme les reflets dans le miroir. »

Partant du principe que la création ne peut être le produit du hasard, car tout effet doit avoir une cause, les auteurs du Tripuraràhasya postulent que toute forme et toute activité présupposent une conscience, et qu'il n'existe aucun lieu, ni aucun moment, où cette conscience n'est pas présente.

« En l'absence de la Conscience pure, rien ne peut exister nulle part. L'idée même d'un lieu d'où la Conscience serait absente est contradictoire. De même que les vagues n'existeraient pas sans la mer, ni les rayons de lumière sans le soleil, de même l'univers n'existerait pas sans conscience. Cette pure Conscience, libre de toute délimitation, n'est autre que la déesse Tripurà. »

La déesse Tripurà est donc la Conscience globale, pure, illimitée, « plus vaste que l'espace et plus petite qu'un atome », créatrice de tous les univers. Cette Conscience a exprimé le désir de se manifester en des formes multiples, en des entités infinies, qui sont chacune un reflet d'Elle-même, une « myriade de consciences de soi individuelles ».

La connaissance parfaite est la connaissance de l'Unité, d'une seule Réalité derrière la multiplicité, d'un seul Dieu derrière l'univers des phénomènes.

Il est toujours aussi surprenant de constater les passerelles existant entre certains textes mystiques vieux de plusieurs centaines, voire milliers, d'années et les toutes récentes théories de la physique quantique qui font état de l'existence d'une Conscience globale à l'échelle cosmique et subatomique.

« Pour faire d'une possibilité une réalité, une nouvelle source de causalité est nécessaire ; nous pouvons l'appeler causalité descendante. Lorsque nous comprenons que la Conscience est le dénominateur commun de tout être

Tripura Sundari sur Pancha Brahma Asana.
Photo : Arjunkrishna90, Creative Commons.

vivant, et que les objets matériels ne sont que des possibilités qui relèvent de la Conscience, alors nous devons aussi reconnaître la nature de la causalité descendante. Elle consiste à choisir entre les différentes facettes d'un objet dont les multiples visages sont le fruit d'une onde de possibilité qui se manifeste en tant que réalité. Puisque la Conscience choisit ainsi à partir de ses propres possibilités, et non à partir de quelque chose de séparé, il n'y a ici aucun dualisme. » (Amit Goswany)

La voie menant à la découverte de l'existence de cette Conscience globale, l'accession au bonheur d'une telle révélation, que les traditions hindouistes et bouddhistes nomment « suprême délivrance », passe selon le *Tripuraràhasya* par la connaissance de soi-même. En effet, puisque nous participons de l'essence divine, la connaissance de nous-même doit nous conduire à la connaissance de la déesse.

« Tant que je n'ai pas la connaissance de mon vrai Moi, tant que la Réalité se dissimule derrière les apparences, j'ai la perception de beaucoup de choses et de beaucoup de gens. La connaissance parfaite est la connaissance de l'Unité, d'une seule Réalité derrière la multiplicité, d'un seul Dieu derrière l'univers des phénomènes. C'est uniquement Shakti qui Se manifeste partout à un degré plus ou moins grand. » (Ramakrishna)

Ceux, qui au cours de leur vie terrestre prennent conscience de cette Réalité sont appelés « délivrés vivants ». Selon le *Tripuraràhasya*, ces sages :

« peuvent être définis comme ceux chez qui la connaissance est devenue stable à la suite des efforts qu'ils ont fait pour purifier leur esprit. Ils se montrent indifférents à l'honneur et au déshonneur, au gain et à la perte, à la victoire et à la défaite. Interrogés sur leur propre expérience, ils répondent volontiers et sans hésiter, quelque soit la difficulté de la question. Ils demeurent tranquilles, sereins, apaisés, même en face de la pire adversité. »

La Màyà

La pensée tantrique confère donc à la Divine Shakti de très nombreuses représentations : Kâlî, Tripurà, Durgâ (l'inaccessible), Aditi (la créatrice), mais aussi Màyà (que l'on traduit généralement par illusion). Mâyâ peut être considérée comme le principe cosmique qui nous fait voir la « Conscience globale, pure et illimitée » sous l'aspect du monde tangible, la Réalité unique sous l'infini de ses manifestations. Mâyâ en vient donc à désigner pour le Tantrisme la création dans son ensemble. L'énergie primordiale qui a engendré la multiplicité à partir du Un.

Pour que l'Unité se déploie dans la multiplicité, le passage du Un au Deux est la toute première étape. Il implique la création « d'un opposé ou d'un contraire. Ainsi, il n'est pas possible d'imaginer la lumière sans admettre en même temps la notion d'obscurité, le bien sans admettre la notion de mal, la vie sans admettre la notion de mort, etc. Parmi les dualités auxquelles se réfèrent le plus souvent les Hindous, il faut noter le perceptible et le percevant, le connaissable et le connaissant, le muable et l'immuable, l'éternel et le non-éternel, l'être et le non-être… Toutes ces notions ont donc un caractère relatif et sont aussi inséparables de leurs opposés que le pôle positif d'une pile électrique l'est du pôle négatif et inversement. Ce monde des polarités est le monde de Màyà. » (Jean Herbert) L'énergie nécessaire à la création de l'univers naît de cette dualité primordiale. Une fois que le Un et le Deux existent, le Trois en découle, et du Trois la multiplicité…

La Conscience se fractalise ainsi à l'infini donnant naissance aux « dix mille mondes », mondes matériels, mais aussi mondes au-delà du plan physique : oniriques, vitaux, mentaux, supramentaux, et tous ces autres plans « plus élevés encore, mais dont l'Homme ne pourra commencer à prendre conscience que lorsqu'il aura pénétré assez avant sur les précédents. »

L'univers est donc un work in progress.

Les sages hindous ne sont pas d'accord sur le fait que cette Conscience créatrice, cette « matrice du monde », en s'enveloppant dans « l'immense manteau de Màyà » reste consciente de sa « fractalisation ». Certain assimilent la manifestation à une forme de rêve, la Conscience étant inconsciente de la Màyà, piégée en quelque sorte ; c'est le cas de Shankara, mais aussi des auteurs du *Tripuraràhasya* qui font dire à la Déesse : « Abusée par ma propre Màyà, Me méconnaissant moi-même, je transmigre depuis des temps immémoriaux. »

Cependant, d'autres conceptions du divin en font une « pure existence, pure intelligence, pure béatitude » non seulement pleinement consciente de sa Màyà, mais l'utilisant intentionnellement.

Un Temps - Numéro 4 avril 2019 — La Fécondité

Comme pour le précédent numéro de *Un Temps*, Jean-François Henry nous a réalisé un dessin personnel, en rapport avec le thème abordé. La rédaction l'en remercie hautement. La Vénus de Çatal Hüyük qu'il a ici représentée figure en page 47. On reconnaîtra aussi la Vénus de Golovita (culture de Hamangia – VIe-V^e millénaire, Roumanie), qui ne figure pas en illustration dans ce numéro.

LE CAUCHEMAR DE JEOVAH (D'APRÈS FUSSLI)

Pour Sri Aurobindo, l'activité et l'énergie cosmiques qui produisent la Màyà sont inspirées par une « Sagesse, émanée de l'Éternel depuis les commencements » qu'il n'hésite pas à nommer évolution. « Si la vie corporelle est la base et le premier instrument que la Nature ait solidement établi pour nous dans l'évolution, notre vie mentale est le but suivant et l'instrument supérieur qu'elle prépare immédiatement après. » La vie mentale, « involuée dans la plante et encore emprisonnée dans l'animal », n'a pas achevé son évolution dans l'homme. L'univers est donc un work in progress.

« L'Esprit est le couronnement de l'existence universelle ; la Matière est sa base ; le Mental est le lien qui les unit. L'Esprit est cela qui est éternel, le Mental et la Matière sont ses opérations. L'Esprit est cela qui est caché et qui doit être révélé ; le mental et le corps sont les moyens par lesquels il cherche à se révéler.

Le Mental et le corps sont les moyens qu'il a fournis afin de reproduire son image dans l'existence phénoménale. La Nature entière est un essai de révélation progressive de la Vérité cachée, une reproduction de plus en plus réussie de l'image divine.

C'est à l'Homme de connaître les intentions de la Mère universelle sans plus longtemps la mal comprendre et la mépriser ou en mal user ; à lui d'aspirer toujours à son haut idéal en se servant des très puissants moyens qu'elle recèle. »

La pensée de Sri Aurobindo rejoint celle de la plupart des grands maîtres spirituels, en particulier le rabbin Z'ev ben Shimon, qui écrit :

« L'Homme peut accéder aux univers supérieurs s'il évolue et se purifie afin d'acquérir la conscience de ces royaumes.

À cette fin, il doit transcender le corps physique que la nature lui a fourni. À partir des substances et des énergies qui le traversent, il doit construire un nouveau véhicule pour chaque monde. »

Artemis d'Ephese. Copie romaine (1er siècle) de la statue du Temple d'Ephese. Statue du Musée d'Efes (Turquie). photo : "QuartierLatin1968", Creative Commons.

La Shakti est présente dans chaque conscience individuelle, capable de féconder l'esprit par la Connaissance de la Réalité ultime. Car le monde et son « inimaginable dispersion des phénomènes à travers l'espace et le temps » (Michel Hulin) sont contenus dans la Conscience globale à laquelle notre Conscience individuelle est connectée.

Ainsi, force est de constater que toute Déesse, qu'elle nous vienne d'Occident ou d'Orient, entretient un rapport étroit avec la fécondité. Fécondité de la matière ou fécondité de l'esprit. Et la « générosité absolue » dont elles sont le symbole est déjà figurée par les formes généreuses des Vénus de Laussel et les cornes d'abondance qu'elles brandissent. Il y a 27.000 ans !

La Shakti est présente dans chaque Conscience individuelle

Plus de 250 statues de femmes dites Vénus aurignaciennes ont été retrouvées, datées d'environ 25 000 ans avant notre ère. Durant plusieurs milliers d'années, Dieu semble avoir été exclusivement une femme. Car il n'y a pas ou très peu de statues d'homme ou de représentation de sexe masculin ; les fameux lingams, ces sculptures phalliques, parfois immenses et réalistes, que l'on peut trouver en Inde, mais aussi en Bretagne, en Corse et en Italie, ne sont apparus que plus tardivement. Autour du dixième millénaire avant J.C., époque à laquelle Jean Markale situe la prise de conscience par l'homme de son rôle dans la procréation. Le masculin a depuis cherché à éradiquer le pouvoir de la femme. Par tous les moyens. Et encore aujourd'hui, avec cette controverse portée par certains archéologues niant l'existence d'une Déesse Mère des origines. La persistance du culte de la Shakti, encore vivace dans l'Inde d'aujourd'hui, pays éminemment machiste, prouve si besoin était, que la Déesse Mère, généreuse, féconde et bienveillante, existera toujours. Ne serait-ce que dans notre inconscient collectif.

« La question : Dieu est-il une femme ? ne se pose pas, car si on se la pose sérieusement il faudrait plutôt dire : Dieu est-elle une femme ? Il faut d'abord se demander si Dieu peut avoir un sexe ? Dans l'histoire, disons que les premiers dieux étaient des déesses féminines, qu'elles ont été chassées par les civilisations patriarcales, qu'il y a eu un retour progressif du féminin et que dieu est peut-être au-delà des sexes. » (Marc-Alain Descamps)

Jean-François Henry

Ouvrages cités :
Jean Varenne, *L'enseignement secret de la Divine Shakti*, Grasset.
Apulée, *L'âne d'Or*, Arlea.
Myriam Philibert : *Mythes d'origines et arts premiers*, Éditions du Rocher.
Jean Herbert, *La Spiritualité Hindoue*, Albin Michel.
Xavier Yvanoff, *Mythes sur l'origine de l'Homme*, Éditions Errance.
Shahrukh Husain, *La Grande Déesse-Mère*, Taschen.
Claudine Cohen, *La femme des Origines*, Belin-Herscher.
Félix Guirand, *Mythologie générale*, Larousse.
Jean Markale, *La Femme Celte*, Payot.
André Van Lysebeth, *Tantra, le culte de la féminité*, Flammarion.
Philip Rawson, *Tantra, le culte indien de l'extase*, Le Seuil.
Odon Vallet, *Petit lexique des idées fausses sur les religions*, Albin Michel.
Michel Hulin, *La doctrine secrète de la déesse Tripurà*, Fayard.
Sept récits initiatiques tirés du Yoga-Vâsistha, Berg International.
L'enseignement de Ramakrishna, Albin Michel.
Amit Goswany, *Comment l'activisme quantique peut sauver l'humanité*, ADA
Sri Aurobindo, *Le yoga des œuvres*, Buchet-Chastel.
Z'ev Ben Shimon, *L'arbre de Vie, introduction à la Cabale*, Édition Le Relié.
Marc-Alain Descamps, *Histoire des idées des hommes sur Dieu*, La Hutte.

LE SEXE DES ANGES

Retour sur une querelle byzantine qui sous-tend la Théorie du Genre

Michel Barster - Auteur de Science-Fiction

L'expression est caricaturale, on le sait, et c'est un lieu commun de revenir sur ce qui serait une futilité de débat, sur quelque chose qu'on ne pourrait pas savoir, à propos de créatures postulées. Il faudra donc dans un premier temps ne pas revenir sur le néant théologique des critiques sur la question, et tout de suite après, saisir l'envergure et le *jusqu'au fond* de cette question.

En effet, il serait insultant pour le sens commun, et les capacités de réflexion des intellectuels de tous les âges, que de supposer que dans une fin de civilisation (la romaine, puisque l'expression sexe des anges se réfère *in fine* de nos jours à une querelle byzantine alors que Constantinople s'écroulait) des intellectuels puissent débattre sans savoir de quoi ils parlent. Et il ne s'agit pas du "presque rien" cher à Jankélévitch – qui s'exprimait alors que 1968 avait écroulé bien des choses. Oui, ce serait injurieux, même si parfois des idéologues finissent par tourner en rond dans les bornes de mythes qui sont pour eux des pré-requis. En fait, chez les penseurs, au bout de quelques dizaines d'années d'exercice de la réflexion, la pensée va au contraire directement à l'essentiel, et l'intellectuel sait très bien de quoi il parle. Et pour reprendre sur Jankélévitch à peine cité, cet intellectuel en particulier ne se faisait que le chantre d'un pessimisme de l'ajustement d'un savoir débarrassé des ailes de la philosophie, mais c'est une autre histoire, celle des chaires de ce domaine de pensée...

---

il en inférerait, entre autres, que Tout *étant sexué, même les esprits désincarnés doivent l'être, d'une manière ou d'une autre*

Quant au rapport avec la Fécondité, il se pose dans la prolongation de la question sexuelle ouverte. Même si les anges ne se reproduisent pas, être d'un sexe, c'est avoir un sexe, donc un appareil reproducteur. Et si la reproduction est inhibée (les anges ont été créés, ce qui supposerait qu'ils ont été les fruits d'une fécondation, même mentale), ce qui subsiste du sexe chez l'ange renvoie au fait que, s'ils ont des oreilles, ils n'en ont pas besoin pour entendre la parole divine. La fécondation laisse ainsi une trace, organique, signant sa possibilité, dans l'existence de l'Ange.

Section restaurée des murs de Constantinople. Photo : Bigdaddy1204 GNU Free Documentation License (libre de droits).

De quoi parlaient donc ces intellectuels avec autant de sérieux, puisque les anges sont à peine théologiques, toujours vaguement cités, et en fait peints, dépeints, mais rarement vus ? (on les entend, parfois). Les anges sont présents dans de nombreuses cultures, ne nous y trompons pas (Égypte, Babylone, Israël, Islam, Inde, Birmanie, Tibet, Chine, Peuples altaïques et de l'Asie du sud-est).

La question serait essentiellement métaphysique, et n'aurait donc, au départ, rien à voir avec le sexe ou même la chair incarnée. Pour enfin saisir le fond de la question, mentionnée au premier paragraphe, il faut se souvenir qu'il y a deux sexes. Pas un, pas quinze, deux.

Il y en a deux parce que le "sexe" du fond de la question (métaphysique, donc) correspond à une opposition radicale, mais complémentaire, puisque le gluon de l'amour réunit les deux côtés dits opposés, comme les deux bout d'un même bâton complètent la forme du gourdin : d'un côté le gland, de l'autre l'Homme.

Pour Aristote pompant sur l'école pythagoricienne (comme exposé dans *Approches de Pythagore (1)*), il existe dans le Monde dix oppositions fondamentales, ontologiques, comme le droit et le courbe, ou le pair et l'impair, etc. Une de ces dix oppositions se formule : « Mâle et femelle ». (voir encadré page 81).

Certains d'entre vous auront déjà compris où se place et se plaçait la question : sur les prémisses non pas théologiques mais métaphysiques. Tout article sur cette opposition fondamentale pourrait n'être ensuite qu'un long commentaire, en rapport ou portant sur le devenir, dans le monde phénoménal, de cette opposition « Mâle et Femelle ». Car il en inférerait, entre autres, que *Tout* étant sexué, même les esprits désincarnés doivent l'être, d'une manière ou d'une autre. Effarant ? Au lieu de considérer que leur Dieu monothéiste était lui même androgyne, les intellectuels préférèrent transposer pudiquement le débat sur les anges. L'habileté théologique devenait alors passionnante, car, entre autres, au bout de la question, il fallait savoir si Dieu fertilisait et fécondait d'une manière active (mâle) ou s'il était essentiellement un champ passif, fertile et fécond (femelle).

A cette époque de Chrétienté encore très militante, la réponse ne pouvait être que faussée. Dieu était actif (donc mâle), et s'il fallait aller chercher des réponses chez les néo-platoniciens (avant 1453, Aristote avait même déjà été récupéré depuis Bagdad, où des esclaves chrétiens l'avaient là aussi traduit au bénéfice de docteurs de la Foi), on débouchait sur l'Ontologie, c'est-à-dire les qualités de l'Être, et l'Être étant doté de toutes les perfections, on arrivait vite, par logique, à exclure les termes complémentaires et imparfaits. On l'aura compris, ces intellectuels grecs auraient pu vous expliquer, avec démonstration logique, que la femme, comme décrit dans la Genèse, était une variation du Mâle, une condition charnelle créée pour les besoins de la reproduction (même si les animaux, sexués eux aussi, avaient été créés avant Eve)… Autrement dit, la femme était d'une *nature avec déficit*.

Constantinople, telle Troie, méritait-elle ainsi de tomber pour blasphème contre-nature, 39 ans avant le premier voyage à l'ouest de Colomb ?

Une première réponse alternative à ce problème d'une civilisation romaine exsangue, on le sait, réside dans la conception orientale du *Tajitu*, cette représentation du *Yin* et du *Yang* imbriqués (voir page 9). Pour les Chinois, ce n'est pas un non-sens que le deux soit un. Pour une certaine logique définie à partir d'Aristote, par contre, c'est gênant – à cause du tiers exclu, sans doute, peut-être –, et il faudrait "choisir" entre un des deux termes (on se demandera pourquoi). La

Nicolas Blasset (1628) : "L'Ange pleureur" sur le tombeau du chanoine Lucas, Cathédrale d'Amiens. Photo : Vassil, own work. Libre de droits.

question du choix, de la détermination du sexe des anges, revient comme étant toute la question, la vraie.

Car l'amusante particularité de l'Ange, c'est qu'il est A-gelos avant d'être l'Angelos grec et l'Agelus romain. L'origine du nom remonte à un fils de Pos-Aïdon ou Pos-Eïdos (Poséidon), qui a un frère (ou une sœur) jume(eau)lle, nommé

Mélas, l'ancien nom du grec du Nil (Méla comme dans mélancolique ? Ce qui veut dire noir ? Le noir est la couleur de la terre mouillée, fertile et féconde, pour les Égyptiens, on le sait depuis Plutarque). Agelos – frère de Mélas le noir – sera un messager, un intermédiaire, donc il aura toutes les fonctions d'Hermès, de fait (*Malakh* est resté en hébreu le messager). On se souviendra aussi que Eros est blond, que Anteros (anti-éros, qui tire des flèches de détestation) est brun, et que les anges furent représentés comme des éros, fils d'Aphrodite, des bambins volants, ce qui n'est pas un hasard. De plus, dans toutes les cultures, les anges sont des génies favorables (à l'exception de l'Ange déchu et de ses hordes, ange maudit qui sera souvent représenté comme… androgyne, quant à lui !). Ils sont dotés des qualités parfaites inhérentes à l'Être : le beau, le bon, le bien.

---

certains a priori pythagoriciens, comme le choix de la base dix contre la base douze, n'ont jamais été légitimés

---

La seconde réponse objecterait : « Attendez, si on reprend le problème, sans vos œillères dogmatiques, pour tenter de saisir l'origine de ce qui avait été énoncé 2000 ans avant vous, que penser de la sexualité nouménale : est-elle relative ou absolue ? »

Oui, en effet, la question la plus importante, concernant ces dix dualités, est de discerner si elles se correspondent toutes, ou si elles sont disjointes. Le problème est d'importance, puisque dès Pythagore énonçant « pour te chausser, d'abord le pied droit, pour te laver, d'abord le pied gauche », on voit se prononcer l'idée de correspondance : dans l'exemple cité de cette maxime de Pythagore, le gauche est mauvais, néfaste la droite est favorable, pure (voir *Approches de Pythagore*, op. cit.). Pour Pythagore, les dualités se correspondent, chacune dans un camp, si l'on peut dire. Cependant, malgré tout notre respect pour le fondateur de la philosophie (il inventa même le mot), rappelons que certains a priori pythagoriciens, comme le choix de la base dix contre la base douze, n'ont jamais été légitimés autrement que par le parti pris, semblerait-il. Aussi, contre l'avis du présentateur en Occident des 10 oppositions, permettons-nous de douter et d'enquêter.

L'idée de correspondance est assez visible en soi : si on dresse la liste de ces oppositions en les notant les unes en dessous des autres, sur dix lignes, il y aura les termes rangés à gauche, et leur opposition à droite. La tentation est grande, ensuite, d'organiser la colonne de gauche et la colonne de droite, de manière à faire correspondre des semblants de cohérence. Quelle est la validité d'une telle organisation, réalisée (ou posée) par Pythagore ?

Si dans le poème de Parménide (qui met en scène les dix oppositions), les correspondances ne sont ni mises en évidence, ni même sous-entendues, ce poème met néanmoins en scène LA divinité, sous l'apparence d'Une déesse suprême, qui peut être Diké, ou Aléthéia, ou Thémis, ou Sophia (elle n'est pas nommée), qui est de sexe féminin. On notera qu'il n'est pas

Raphael (1483–1520) : Ange sur "Le Christ crucifié avec la Vierge Marie, des Saints, des Anges" (1502-1503). National Gallery, Londres. Ceci est l'ange de droite, peint sur panneau de bois, 50 ans après la chute de Constantinople. Photo : gallerix.ru - domaine public.

question d'androgynéité, ou même de Phanès, l'Amour orphique, premier né des divinités exprimées ou émanées. Par contre, ce poème énonçant dans son sommet « l'Être est, le néant n'est pas », on retrouvera ici une distinction absolue, non plus entre deux pôles, ou entre deux oppositions, mais au niveau de l'expression conceptuelle la plus haute de l'ontologie (il n'y a pas d'opposition entre l'Être et le Néant puisque le Néant n'existe pas, Parménide est assez clair sur ce point). En fait, les qualités de l'Être sont ensuite tirées des mêmes dix oppositions (comme posé au chapitre 10 des *12 maisons de l'éveil* (2) de Charles Imbert, ceci sans faire de lèche au rédac-chef : il l'expose; c'est tout)…

Il faudra donc examiner la validité de ces oppositions, figurant dans la métaphysique d'Aristote (Premier livre, section 5), où elles sont bien attribuées aux "Pythagoriciens".

Il y a là une démarche vers le monothéisme, sous la forme de la célébration du Nombre Un, très nettement confondu avec l'Être (par un autre parti pris). Le fait que chaque nombre, pour réaliser le nombre suivant, doive s'augmenter de "Un", c'est à dire de l'Être tout entier n'a jamais *beaucoup* été commenté pour notre connaissance par des Pythagoriciens, semble t-il (les pensées métaphysiques de cet ordre reçoivent peu de publicité). Le Un en deviendra si fondamental que le Deux devra s'effacer, et ne même pas reparaître comme racine ou facteur du Quatre.

Le pythagorisme triomphant (Platon étant le neuvième directeur de l'école pythagoricienne, et Aristote le dixième – c'est assez peu connu) imposera donc l'idée de correspondance entre les pôles des oppositions. « A droite les garçons, à gauche les filles », disait encore Parménide.

Cette distinction théologique se retrouvera par exemple dans les conventions picturales illustrant le Jugement Dernier, où on voit Paradis à gauche, Enfers à droite, parce que l'Éternel voit, lui, à l'envers, puisqu'il nous regarde. Ainsi ce qui est à sa droite (et que nous voyons à gauche, puisque nous sommes de l'autre côté du miroir), c'est le Paradis, et inversement, ce qui est à sa gauche (pour nous à droite), ce sont les Enfers.

En particulier, cette grande idée mena nécessairement les étudiants en enseignement supérieur de l'Antiquité à être victime de ce choix d'attribution et à accepter que le *Yang* étant d'un côté, le *Yin* de l'autre, le *Yang* s'ornait de qualités faisant déficience au *Yin*. Notre rédacteur en chef aura développé dans ce numéro sur les conséquences fâcheuses d'une telle "théologie de la sexualité". Il faudra cependant, dans le cadre de cet article, se limiter à considérer les bases de ces développements ultérieurs, et re-examiner la question : « Est-il légitime de classer les dix oppositions comme correspondantes ?"

Il faudra donc examiner la validité de ces oppositions, figurant dans la métaphysique d'Aristote (Premier livre, section 5), où elles sont bien attribuées aux "Pythagoriciens". Aristote mentionne aussi qu'un autre système existait, dû à Alcméon de Crotone (voir *Approches de Pythagore*, op. cit.), un des premiers Pythagoriciens, mais il signale aussitôt que cet autre système était imparfait, ou imprécis. Quelle imprécision ? Il semble précisément que ce soit à propos de ce système de correspondances évoqué plus haut et sur lequel il y aurait enquête à mener.

Il faut aussi noter, quant aux sources (3), qu'il existe une autre proposition sur les éléments fondamentaux du monde, due à – ou transmise

Les Dix Oppositions
limité / illimité
impair / pair
un / multiple
droite / gauche
masculin / féminin
stable / mouvant
droit / courbe
lumière / obscurité
bien / mal
régulier / irrégulier.

par – Leucippe d'Abdère, un atomicien. A vrai dire, cette liste n'est pas arrangée en table des oppositions, bien qu'il soit assez facile de reconstituer une table de 10. Cette liste mentionne par exemple le plein et le vide, qui sont bien davantage physiques que les principes pythagoriciens. Il faudra en induire que les oppositions pythagorico-aristotéliciennes sont bien davantage métaphysiques, cherchant à aller au-delà de formes et substances.

Avec des dualités, il s'agit en fait d'une physique des contraires, corrigée par une harmonie (un lien qui unit, qui est Eros) pythagoricienne (il faut noter que chez Anaximandre, contemporain de Pythagore, il n'y avait pas d'Harmonie, mais une injustice, et cette vision ne survécut pas, ni devant le Logos philosophique, ni plus tard devant la Création monothéiste). Cette physique des contraires était donc partagée par Anaximandre (dont l'école supérieure resta à Samos, Pythagore ouvrant la sienne à Crotone, en

Melozzo da Forlì (1438–1494) a peint cet ange jouant du luth vers 1480. On notera l'androgynie poussée : impossible de savoir s'il s'agit d'un homme ou d'une femme. Pinacoteca Vaticana, photo libre de droits "Web Gallery of Art".

Italie), et Aristote la trouve "naturelle". C'est de fait une "physique immédiate" : « L'étude de la nature met en évidence certaines qualités fondamentales et leurs variations dans lesquelles elles sont remplacées par leurs contraire (chaud-froid, sec-humide) ; une physique des qualités est d'abord une physique des contraires. » (André Pichot (4)).

Ceci établi, d'où vient donc cette idée de correspondance entre les contraires ? Si faire correspondre les nombres aux choses n'est peut-être pas tout à fait pythagoricienne (après tout, celui-ci était *héritier* de savoirs orientaux), c'est sous le nom de Pythagore que furent rangées les spéculations sur les qualités spirituelles des nombres, exposées dans un symbolisme échevelé par les néo-pythagoriciens. On trouve en particulier la première idée, assez tôt, que les nombres entiers pairs correspondent à l'illimité, et les nombres impairs au limité, ceci parce que les entiers pairs sont divisibles par le Deux (les impairs aussi, mais avec injustice, auraient dit les Grecs).

On aura beau relever que, dans ces mêmes époques néo-pythagoriciennes (puis surtout néo-platoniciennes), c'est le corps humain (jadis si parfait pour les Grecs) qui devenait de la boue, de l'ordure, un vil véhicule…

De plus, les nombres pairs apparaissaient comme les générations du nombre Deux et sa puissance multipliante, alors que la fécondité du nombre Un n'était qu'incrémentielle (et déterminante). L'idée sexuelle présente (très présente) dans ce mécanisme vu par les Grecs, c'est que le mâle appliquait une action de détermination sur la puissance multiplicative de la femme. Ainsi, les nombres pairs étaient femelles et les nombres impairs mâles. Ainsi, le Un restait la source fondamentale du caractère mâle, et serait considéré comme le Père absolu. Le monothéisme (culte et théories) naîtrait en partie de ces conceptions.

Avec ce discours, présenté comme "logique", c'est-à-dire émanant du Logos, un des termes des trois premières oppositions (limité, impair et unité) se trouvait correspondre à la cinquième opposition (mâle). C'était trop beau, et les autres oppositions devaient forcément prendre place dans cette symétrie (le mot cohérence n'existait pas encore, et le mot fourre-tout "resonance", à l'anglo-saxonne, encore moins). Repos/mouvement correspondait à unité/pluralité, droit et courbe tombait sous le sens, et lumière/obscurité s'éclairait facilement : avec de la lumière, on détermine. Bref, le "système" de correspondance pouvait parfaitement se tenir.

L'ennui, c'est que, depuis, nous avons appris que la carte n'est pas le pays. Des jumeaux peuvent exister, mais ils ne sont pas le nombre Deux. Il y eut une confusion terrible, volontaire et intentionnelle, chez les instrumentalisateurs antiques de ces théories, dans l'extension de ces correspondances, qui faisaient du coup du féminin un imparfait, un néfaste, et même un maléfique. On aura beau relever que, dans ces mêmes époques néo-pythagoriciennes (puis surtout néo-platoniciennes), c'est le corps humain (jadis si parfait pour les Grecs) qui devenait de la boue, de l'ordure, un vil véhicule... Eh bien, cette systématisation de l'opprobre sur la moitié de la création a quelque chose de fascinant, comme beaucoup d'amalgames le révèlent. Donc, une construction intellectuelle abusive forma des

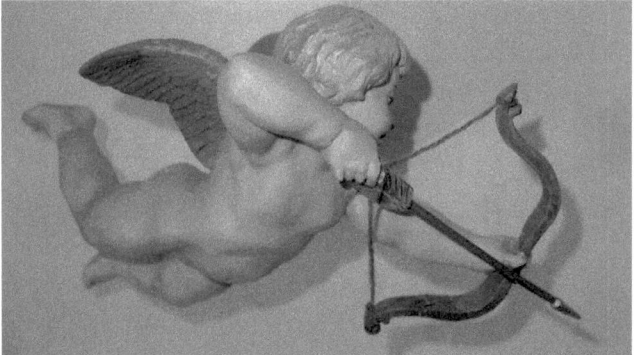

Cet Ange de Raphaël est toujours le même, "Mithra Ange du Soleil" (Raphaël était d'un milieu lettré). Bras et jambe tendus, bras et jambe pliés. Il figure dans d'autres de ses peintures. Figurine Parastone (publicité gratuite) et Galatée de Raphaël (fresque Villa Farnèse, libre de droits).

cadres de pensée en Occident pour 2000 ans au bas mot… Oui, c'est fascinant (il y aura d'autres qualificatifs, comme "criminel", "coupable", "monstrueux"…), mais d'autres gnostiques élucubrèrent bien d'autres chimères.

En restant au plan de l'étude, la chose ressort de la distinction entre concept et notion. Si la notion est une donnée a priori, pure et sans "jugement" (comme aurait dit Kant), le concept, lui, se permet d'agréger, coller, et parce que c'est collé, de dire que c'est naturel.

Mais rien ne permet donc de coller, assimiler, générer les oppositions entre elles, et l'autre personne les ayant étudiées à *Un Temps* n'a pas bondi lorsque je lui ai présenté cette affirmation. D'ailleurs, n'oublions pas que ces oppositions seraient successives, et auraient donc un numéro d'ordre (première, seconde, troisième, etc.) ce qui reléguerait l'opposition Un/Multiple en troisième position, ce qui est inacceptable pour le fameux nombre Un, même en formulant une théorie censée corriger la théorie.

De plus, puisque le nombre Dix est en cause, je me permettrai d'attirer l'attention sur l'encadré concernant les Sephiroth, qui sont probablement un héritage babylonien, et sans doute en rapport avec les dix oppositions de Pythagore (qui avait étudié plusieurs années à Babylone), puisque "ça colle bien", cette fois.

Toute idée de lien successoral s'évacue alors de lui-même, même si, on le sait, les spéculations numérales rentrent par la fenêtre dès qu'on les a priées de vider les lieux par la porte.

Toute autre idée de correspondance ou de lien privilégié entre des oppositions reste rebelle à l'examen. Enfin, donc, si malgré de multiples invitations, aucun ordre interne ne se manifeste dans ces dix oppositions, alors il faut les considérer comme disjointes et non inférentes.

Continu (infini) et Contigu (fini) : Perfection Etre - Kether

Impair et Pair : Séparation duelle Vérité : Sophia - Hokmah

Un et Plusieurs : Intellection Intelligence - Binah

Droit et Gauche : Distribution (bénignité) - Hesed

Repos et Mouvement : Rétribution Geburah (rigueur)

Mâle et Femelle : Expression (beauté) Tipheret

Droit et Courbe : Organisation (victoire) - Netzach

Lumière et Ténèbre : Rayon(nement) (splendeur) - Hod

Bon et Mauvais : Incitation (fondation) - Yesod

Equilibré et Instable : Incarnation (Mondanité) - Malkuth

(Source : Charles Imbert, travaux non publiés – sa classification des oppositions fondamentale révèle en outre des structures qui défient l'idée simple et réductrice de voir deux colonnes opposées – voir *12 Maisons de l'Eveil*, op. cit.).

Dernier commentaire sur les oppositions fondamentales : le fait qu'elles aient été arrêtées à dix laisse quant à lui planer un doute sur le fait qu'il y ait pu en avoir douze (de même que certaines sources indiquent qu'il y aurait eu douze sephiroths). Autrement dit : l'enquête sur ces données n'est pas close, mais poursuivre serait ici hors sujet.

Revenons donc à notre propos. Ainsi, la sexualité se manifeste, en tant que *Yin* et *Yang*. Les prolongations sur cette seule opposition sont assez complexes. Par exemple, Stanislas de Guaita écrivait en 1897 dans *"La clé de la Magie noire"*, à propos de la lumière astrale :

« Cette immensité psycho-fluidique est mue sans trêve par deux agents occultes, recteurs de ses courants : une force astringente (Hereb) et une force expansive (Iônah) : la première, constrictive au long de la chaîne des temps ; l'autre, abondant à travers les plaines de l'Espace. »

Or, la force froide et constrictive, chez les Chinois, c'est *Yang*. Quant à la force complémentaire, évidemment elle est *Yin*. Le symbole *Yin-Yang* est encore plus imbriqué qu'un Ouroboros.

Notons que l'Hereb est fort proche de l'Horeb que rejoint le prophète Élie fuyant la colère de Jézabel (I Rois, 19)… L'Hereb est l'épée, ou plutôt le contraire de Salem, la paix. Quant à Iônah, elle sera en celtique une énergie

La vision d'Ezechiel par Raphaël. Les Chérubins (keroub, keroubim) d'Ezechiel sont les taureaux ailés de Mésopotamie : ailes d'aigles, tête d'homme, corps de taureau et griffes de lion. Cette chimère composée des symboles des 4 éléments (visibles ici) a donné le tétramorphe ou les quatre évangélistes (voir *Un Temps* n°1). La désignation "chérubins" pour des érotes, c'est à dire de petits cupidons, est donc abusive en peinture, mais dans la hiérarchie céleste, les Chérubins sont placés sous les Séraphins et au-dessus des Trônes. Palazzo Pitti, Florence. Photo libre de droits : The Japan Times & commons.wikimedia.org - http://www.theyorckproject.de/ Bildbestände

Statue de l'Archange Saint-Michel à la pointe de la flèche de l'église abbatiale du Mont-Saint-Michel. Due à Emmanuel Fremiet (1824-1910), elle est réalisée en cuivre martelé et doré, et fut positionnée en 1897, réparée en 1935, 1987 et 2016 (une réplique est au Musée d'Orsay).
Saint-Michel est un archange majeur qui tient plusieurs rôles éminents, dont : Assesseur principal du Jugement Dernier, Annonciateur du retour de Jésus, Guide des âmes des morts, Vainqueur du Mal... Son nom Mi-cha-El, qui signifie "semblable à Dieu" est assez clair : il peut remplacer les fonctions du Sauveur (le Shaoshyant archétypique). La plupart de ses actions nous concernant se situent dans le futur, ce qui en fait aussi un succédané du Progrès, cette espérance de solution par l'apparition promise d'une amélioration. Quant à sa sexualité, un indice, quand il terrasse le dragon, est de se souvenir de « Une femme t'écrasera la tête »
Photo : Ibex73 – domaine public.

créatrice féminine, et en hébreu, elle désignera la « colombe », qui est depuis des millénaires le symbole de la paix. Les noms choisis ou repris par Guaita symbolisent donc le dualisme de la paix et de la guerre.

Et le sexe des Anges ? Ou, pour tout dire, le sexe des esprits ?

Les dieux de divers panthéons sont clairement sexués, et même capables d'avoir des rapports charnels avec des humains. Les dieux étant hommes et femmes, pourquoi les autres habitants célestes seraient-ils indifférenciés ?

La logique admet qu'en recevant des attributs, c'est-à-dire des désignations (noms), outils (attributs), capacités (dons), traits de caractères, un être invisible puisse recevoir aussi une détermination sexuelle. Les êtres invisibles ne sont pas qu'anthropomorphes, et compatibles avec l'humanité (les nombres eux-mêmes semblent anthropo-compatibles, et pas seulement parce que la nature se révèle capable de fines opérations arithmétiques) : ils peuvent, on le sait, se densifier et alors se confondre avec les humains ordinaires. Est-ce un mythe effrayant ?

Somme toute, le sexe est aussi un organe, une pièce biologique destinée à une fonction particulière. Il serait vain de s'imaginer que les êtres invisibles ont besoin d'un sexe, puisqu'ils ne sont pas destinés à se reproduire. De même, ils ne devraient pas avoir d'estomac, puisque non destinés à absorber des matières denses. Et ainsi de suite pour tous les organes biologiques.

Mais les organes ont aussi des fonctions symboliques, et énergétique. Sous ce registre, ils gèrent dans les organismes vivants des fonctions correspondant à l'invisible, et même ces fameuses "humeurs" qui tombèrent en désuétude lorsque la médecine devint matérialiste et mécaniste. On a beau savoir que les chakras correspondent au système endocrinien, presque plus aucun discours médical ne prend en charge l'idée que les organes puissent dialoguer, penser, gérer des émotions qui leur soient propres. En fait, chaque organe possède(rait) sa propre extension subtile, sa propre existence dans les divers corps supérieurs : éthérique, astral, mental, causal, atmique et divin.

Repenser un patriarcat et un matriarcat ne peut se faire qu'en respectant l'harmonie universelle. Or le monde n'est pas moniste, ni dualiste, il est multiple.

A partir du moment où des créatures invisibles possèdent une apparence humaine subtile, et / ou la capacité de se densifier sous forme humaine, il est aisé d'accepter qu'elles puissent aussi être dotées des organes correspondant à cette apparence ou forme. Autrement dit, oui, les anges, qui sont définis comme êtres humains purs et en voie de perfection, possèdent un sexe.

On conçoit aussi que la dualité peut apparaître séparée au niveau de l'existant, et que dans le niveau et le domaine de l'Etre Éternel et parfait, ce Deux n'existe pas dans l'Un. Auquel cas, les anges sont des esprits, les Hommes sont des esprits, ils prennent habit et domicile dans des corps sexués, mais ces esprits, émanation ou reflet du parfait, ne sont pas sexués.

On constate ainsi que la question du sexe des anges traite de la détermination sexuelle relative ou absolue d'un être… dans l'éternité, pour l'éternité.

Les implications en sont multiples. Quant à la question de l'homosexualité, par exemple, on pourra dire qu'un esprit femelle incarné dans un corps mâle (ou l'inverse) subira les inclinations de son corps, etc. La question avait d'ailleurs été ramenée par les critiques du spiritisme, demandant quelle était enfin, après la mort, le statut du sexe des esprits (le problème du spiritisme est souvent la manifestation parasite du filtre culturel, et il n'y a pas lieu d'en traiter ici).

On voit enfin que de telles questions, de nature à blesser les valeurs et interdits sexuels (structurant les familles, les clans, les tribus, avec toutefois des variables et exceptions locales) et à déchaîner les ressentiments, n'aient pas "besoin" d'être étalées ou débattues. La question du sexe des anges est une question hautement sexuelle, à la fin du néo-platonisme, et faute d'avoir pu être enterrée, elle a donc été moquée.

Il faut ainsi accepter qu'il ne puisse pas y avoir de réponse "utile" (sauf pour la Connaissance de spécialistes), car si l'on suivait la règle du « Dire quoi à qui, comment et pour quoi faire ? » le Quoi (le sexe des esprits est-il éternellement fixé ?) devrait-il transgresser les idées-mythes que se fait le grand public (le Qui), après qu'on l'ait publiquement exposé (le Comment) pour sans doute satisfaire d'autres vues mythico-idéologiques… (le Pour Quoi Faire).

Il faut donc accepter les deux vues, pour deux visions de la problématique. Première vue : Oui, la sexualité est si fondamentale qu'elle concerne aussi les entités spirituelles. Deuxième vue : Les entités spirituelles étant elles-mêmes organiques et composites (rien que l'âme est composite), il se peut que la sexualité soit adjonction variable à des compositions fluctuantes.

Ainsi, nous n'aurons rien décidé, et rien prétendu. On peut lister, à partir d'ici, les sens et conséquences des deux positions, si elles avaient à être départagées. « *S'il existe une sexualité dans l'éternité, ceci signifie que... et sinon, cela signifie que...* » En restant dans l'indécision, il faut désirer et ménager un respect. Avancer le principe d'une androgynéité éternelle ou non ne résoudrait rien, d'ailleurs. Nous avons à vivre dans ce bas monde en conscience et respect de ce qu'est l'autre, et l'autre ne se réduit jamais à ou par un sexe.

Le magnétisme nous l'apprend,
les contraires s'attirent
et les semblables se repoussent.

« Mais alors, mon Cher Baster, nous auriez-vous baladé pour ne rien dire ? »... Au contraire. Si cette évocation prétend avoir fait le tour d'une possibilité métaphysique d'envisager une sexualité éternelle, vous aurez noté la prétention d'en avoir assez dit. Par là, certains pourront se poser la question : "Ne pas avoir répondu est-il une feinte ?" et ceux-ci pourront se demander à quel moment une impasse, un codage, un sous-entendu aurait pu prendre place, qui donnerait une vraie réponse tranchée, aristotélicienne, ne tolérant pas l'indécision. Nous les laisserons chercher, et donc bien comprendre cet article. Quant aux personnes qui voudraient nous suivre dans l'explicite, le littéral et le premier degré, elles auront, j'espère, apprécié la promenade, souscrit à son propos, et adopté sa conclusion réservée.

Repenser un patriarcat et un matriarcat ne pourrait s'opérer qu'en respectant l'harmonie universelle. Or le monde n'est pas moniste, ni dualiste, il est multiple. Cependant, en passant de l'Un au multiple, on est obligé de passer par le Deux. Et sans concevoir la Création comme un système binaire, il faut pouvoir résoudre ce qui apparaît comme antagoniste dans la syzygie des complémentarités. Le magnétisme nous l'apprend, les contraires s'attirent et les semblables se repoussent.

Le système philosophique des dix oppositions est censé décrire les entières qualités de la création. Par l'apparition et la reconnaissance du *Yin* et du *Yang* en son sein, nous pouvons comprendre combien les racines du souhait androgynique, l'extinction de la disparité du genre par la réalisation de l'amour fusionnel, se heurte à la complexité du nombre Deux. **Michel Barster**

(1) Charles Imbert, *Approches de Pythagore*, Éclosion.
(2) Charles Imbert, *Les 12 maisons de l'éveil*, Éclosion.
(3) Jean-Paul Dumont et Collectif, *Les Présocratiques*, Paris, Gallimard Pléiade, 1988.
(4) André Pichot, *La Naissance de la Science*, tome 2, Gallimard, Paris, 1991.

ACTUALITÉS

Le **Vendredi 15 Février** à Paris s'est tenu un événement que notre revue co-organisait, suite à la présentation dans notre Numéro 2 du livre (à l'époque à paraître) de Nicole Le Blond.

Les peintures d'Elvire del Fondo évoquent l'Expérience de Mort Imminente qu'elle a vécu et témoignent autrement que par la parole du monde qu'elle a atteint. Les artistes ayant vécu une EMI se lancent parfois dans la restitution de ce qui reste un des plus grands moments de leur vie (idem pour les musiques entendues pendant l'Expérience) et Elvire pose avec réussite des évocations frappantes et parlantes pour tous ceux qui ont le souvenir de ces moments ineffables.

Deux mini-conférences (Nicole et Christine) ainsi qu'une exposition des œuvres d'Elvire del Fondo (co-organisatrice elle aussi) ont animé cette soirée-dédicace tenue chez *Tea Melodie*, un espace qui aura réussi à accueillir les dizaines d'invités tout en proposant un service-cocktail à la hauteur de l'événement... Nous tenons à prolonger l'effet de cette soirée pour plusieurs raisons : une affective, la perpétuation d'instants d'exception, une pour remercier les organisatrices et organisateurs (Jean-Michel Grandsire, l'éditeur de Nicole, n'ayant néanmoins pu se déplacer), et une assez importante, au sujet de la dimension de l'événement, puisque les NDE / EMI souffrent actuellement dans notre pays d'une nouvelle fermeture due au manque d'intérêt des médias, y compris culturels, pour un domaine que l'on pense – bien à tort – comme ayant livré le suc de tout son intérêt. En particulier, il reste à espérer que l'ou-

Le livre de Nicole, prêt à la dédicace...

vrage de Nicole relancera l'intérêt pour le "message de la NDE/EMI", dévoyé par certains, exploité par d'autres sous la forme de propos sur des espérances qui n'ont pas à être galvaudées,

Nicole Le Blond pendant son allocution. Qu'est-ce qui peut inviter une psychologue clinicienne, engagée depuis les débuts de IANDS-France, à poursuivre aux fil des ans une recherche devenue personnelle ? Nicole nous l'a exposé, en complément des quelques pages qu'elle consacre dans son ouvrage à sa trajectoire personnelle.

Quelques peintures d'Elvire del Fondo.

La Fécondité

Du langage au féminin, de la féminité du langage

par Eulalie Steens, écrivaine et autrice

La séance du **Jeudi 28 février 2019** de l'Académie Française est à marquer d'une pierre blanche. L'Académie Française ose ! Elle ose enfin se prononcer en matière de féminisation des titres et fonctions. Et elle a publié un rapport sur ce sujet (*La féminisation des noms de métiers et de fonctions*. Texte de 20 pages, visible sur internet www.academie-francaise.fr). Serait-elle novatrice ?

A l'école primaire, tout le monde a subi cette règle fondamentale de grammaire concernant les accords : « Le masculin l'emporte sur le féminin ». (Certes, et l'autrice de cet article s'est rebellée à 5 ans et demi : « Comment ça, alors... s'il y a un million de femmes et un homme, on doit dire « ils » ? Et bien je ne suis pas d'accord, je dirai « elles » ». Soupir de la maîtresse et des parents.... Il lui en reste quelques chose...).

Il est un fait que l'on peut se poser des questions. Comment se définir en tant qu'être humain de sexe féminin, quand le langage est masculin ? Que faire lorsque l'on doit écrire ou dire : « Le Ministre de l'Éducation Nationale, Madame X, est venu (ou venue... ?). Il (ou elle ?) a prononcé un discours etc.... ». Le sujet étant évidemment le terme « ministre », la phrase prend une tournure bancale et peu claire. Facile d'y remédier, il suffit de dire : « la ministre ».

Dans ce cas, on se pose une autre question. En anglais, par exemple ou encore en chi-

Christine Clémino faisant le récit de son expérience, et Charles Imbert en présentateur.

Nicole le précise bien quand on parle de numineux, c'est-à-dire, au fond, du sacré. Les paroles de Christine nous auront aussi rappelé que l'on rencontre des personnages et des mots, pendant l'Expérience, qui ont fini d'être des signes vers le personnel, pour dépasser l'individu et s'adresser à tout le monde, dans toutes nos sociétés. Merci à tous... Ce sera à ré-itérer.

nois (à l'oral, car, dans certains cas, la graphie est féminisée), il n'existe pas de différenciation sexuée. Est-ce à dire que le genre n'existe pas ? Pas vraiment non plus…. L'anglais facilite bien des choses. Que dire alors de l'allemand, qui, grâce à ses déclinaisons (masculin, féminin, neutre) peut féminiser n'importe quel nom. *Direktor* = directeur. *Direktorin* = directrice. *Lehrer* = professeur. *Lehrerin* = professeure…. Et ainsi de suite, à volonté. Ce suffixe – *in* est d'une commodité facile.

Toutefois, la langue est le reflet d'une société. Parfois, pourtant, les mots ont un genre aléatoire. Pourquoi dire en français une histoire et un conte ? En français, la Lune (symbole de froideur, nuit, faiblesse) est désignée par un article féminin. Logique, elle est considérée comme féminine. Quant au Soleil (symbole de chaleur, de jour et de force), il est affublé de l'article *le* : il est masculin. Logique, aussi. On y retrouve la symbolique chinoise du *yin* et du *yang*. Que dire alors de cet inconscient collectif allemand qui rend le Soleil féminin (die Sonne) et la Lune masculine (der Mond) ? Lacan, au secours ?

Le cas de la langue française est exemplaire. De nos jours, il existe nombre de résistances concernant les noms féminins. Autrice (du latin, auctrix) est le dernier en date. Même des femmes refusent de l'utiliser et préfèrent auteur (du latin, auctor). Il perce timidement actuellement et pourtant, il était couramment utilisé au XVe siècle ! D'ailleurs, il en reste quelque chose : personne ne s'offusque de dire une actrice, féminin de acteur !

Si l'on plonge le nez dans *Le Bon Usage* de Maurice Grévisse, de nombreuses pages sont consacrées au féminin des noms. Où l'on découvre par exemple, qu'au Moyen Âge, on ne disait pas une femme-enlumineur mais enlumineresse.

Mieux, les accords, étaient complètement différents. On accordait les noms avec les adjectifs selon leur place dans la phrase, par exemple : « … les coteaux et les montagnes voisines…. ».

Que s'est-il donc passé ? Cela débuta avec le futur Henri IV qui exhuma un article de la Loi Salique…. pour lorgner sur le trône de France, dans le but « qu'il ne puisse pas tomber en quenouille »…. Et cela s'enchaîne avec une masculinisation de la société à dessein d'écarter les femmes du pouvoir. Richelieu arrive à évincer Marie de Médicis et l'envoie en exil en 1631.

Lorsque ce même Richelieu crée l'Académie Française, en 1635, non seulement les femmes n'y sont pas admises, mais les Académiciens entreprennent de masculiniser la langue. Il y a avait des femmes poétesses, philosophesses, peintresses, financières, avocates, cordières ? C'est terminé. Ces métiers sont éminemment masculins, ils se diront au masculin. Au passage, certains mots aussi se masculinise. Un mot comme minuit était féminin, il devient masculin. Les mots art, duché, honneur, poison… suivront le même chemin. Plus tard, Napoléon 1er changera le genre du mot aigle qui deviendra masculin, puisque le pouvoir ne peut qu'être de ce genre-là ! La touche finale viendra de l'école de Jules Ferry qui entérinera le fait avec ses accords grammaticaux, officiellement enseignés aux enfants. On en arrivera même à désigner l'être humain par le mot Homme. Et, alors que l'on dit *Human Rights* en anglais, on continue à dire les *Droits de l'Homme* en français. (Nous avons nous-même entendu un jour une émission médicale à la télévision où un médecin évoquait l'utérus chez l'Homme….)

Il ne faut pas s'étonner qu'à la fin du XXe siècle, la bataille linguistique fit rage. Elle n'est d'ailleurs pas achevée. D'autant que certaines femmes elles-mêmes sont rétives à tout changement.

Il faut dire que certains mots féminins sont péjoratifs. Péripatéticien nous fait penser à Aristote qui enseignait à ses disciples en marchant mais une péripatéticienne n'est qu'une prostituée. Un entraîneur est un coach sportif, une entraîneuse est une femme de mauvaise vie qui fréquente les bars et dévoie les hommes. Beaucoup d'autres termes font allusion à la prostitution : masseuse, professionnelle, poule, courtisane etc. Au masculin, ces mots n'ont pas le même sens et gardent leur noblesse. Le prestige y est pour quelque chose. On se dit facilement directrice d'école maternelle, mais quand on accède à un poste élevé comme directeur d'une grande société internationale, il est prestigieux de porter ce titre au masculin. De même pour avocat. Ou encore une pharmacienne. Ce terme est resté longtemps celui par lequel on désignait l'épouse d'un pharmacien. Et, bien que cette coutume soit complètement tombée en désuétude, rares sont les femmes qui osent de nos jours afficher sur la devanture de leur officine, après leur nom, « pharmacienne ». Elles restent fières d'être « pharmacien ». Égalité oblige ?

Une précision : un titre ou une fonction ne sont pas des métiers et sont indépendants de la personne. Certes. Mais on oublie que ces termes ne sont pas neutres mais bien masculins puisque les femmes ont été évincées des « métiers savants », interdites d'université, etc.… donc aussi des postes officiels de l'État.

Le texte de l'Académie Française est un juste retour des choses. Il tente de réparer enfin les dégâts de quatre siècles d'ostracisme et de sexisme. Mais il est reste très prudent et ne veut rien imposer sauf le « bon usage » (page 2) et « le respect des règles fondamentales de la langue et selon l'esprit du droit français » (page 20). Parions que la société fera évoluer la langue française. Et que l'Académie sera obligée bientôt de faire entrer dans son dictionnaire les féminins.

Et pour en prendre conscience, commençons par un conseil de lecture : les travaux de la linguiste et grammairienne Éliane Viennot. **E.S.**

Il nous reste un tous petit espace dans ces Actualités pour rendre compte de l'existence d'un Numéro de la Revue *Liber Mirabilis* (Éditions Jean-Marc Savary), consacré au **Féminin Sacré**, donc en prolongation du thème de ce numéro. Il est accessible à l'adresse :
http://www.liber-mirabilis.com/lm106-le-feminin-sacre-c2x25496030

LA FÉCONDATION PAR LE RAYON DIVIN

Voyage dans d'anciennes compréhensions et extensions d'archétypes

Yoann Lamant - Tarologue - Spécialiste en Arts Martiaux

Dans le précédent numéro, nous avons introduit les lecteurs et les lectrices au concept des "Ray El". comme la radiance, sous différentes expressions, de la lumière fondamentale. Des Rayons qui, nous l'avions vu, sont associés aux concepts d'harmonie et de rythme. Et donc avec la notion d'espace et de temps.

Dans le présent numéro, qui traite de la Fécondité, nous allons approfondir ce concept des Rayons du Réel et démonter en quoi ils sont bien concrets. Et en quoi il peuvent être fécondant de notre étant, ce petit existant manifesté dans l'Être.

La lumière qui nous féconde et qui nous transmute sera notre sujet d'étude pour ce trimestre, pour ce *Un Temps*. La Lumière; l'époux et l'épouse; l'être que nous sommes sera notre hypothèse de départ dans ce nouveau dossier.

Pour nous aider dans notre enquête, nous allons nous servir d'une carte ou plutôt de cartes: Le Tarot en 24 Arcanes Majeurs ou 24 rayons fondamentaux de la Lumière.

Pour faire court au sujet de ce support; le Tarot qui nous est parvenu sous la forme d'un jeu de cartes empruntant une logique numérique de 22 arcanes majeurs n'est pas complet. Il est en fait composé d'un système en 24 Arcanes majeurs qui sont à l'origine la découpe en deux parties de douze pictogrammes fondamentaux, douze archétypes numéraux qui gèrent les activités humaines à travers les 12 lunaisons. La division de ces douze pictogrammes donnera des alphabets originels en 24 lettres (ont été ajouté le J et le W *ndlr*). Ce qui nous manquait, ce sont les deux dernières lettres de notre alphabet tarologique, qui lui aussi nous permet de mesurer un certain temps, les lames 23 et 24 que j'ai reconstituées (1).

Cet article est donc également pour moi une pré-introduction à ce travail, qui nous le verrons est intimement lié à la mesure du Temps, à la Lumière et aux transmutations que ces vingt-quatre rayons ou "heures" peuvent effectuer en l'homme, pour le faire comme renaître dans cette Lumière.

Le Tarot est une science de la maïeutique, une façon de féconder l'être et de faire naître des Hommes dédiés à la Lumière, au bien et à la beauté d'un jour que l'on nomme la Vie.

Une certaine définition du temps nous est livrée par la forme et l'assemblage des éléments du schéma de l'horloge :
• La sphère ou la courbe qui symbolise le féminin et les cycles.
• Le point qui symbolise le repère, la manifestation, la singularité autour de laquelle se déploie l'espace-temps.
• La droite ou son segment, qui représentent la continuité, un mouvement, un déplacement, et donc le masculin.

Ce qui est intéressant c'est que l'alliance de ces trois éléments nous donne également schématiquement notre structure la plus intime, c'est à dire l'ADN.

Cette remarque est intéressante dans le sens où cette horloge de notre évolution qu'est notre ADN, n'est pas une roue qui répète un mouvement mais une spirale pour ainsi dire ouverte. C'est-à-dire qui supporte en ses cycles ou séquences une élévation et des modifications.

Dans le système anglo-saxon de mesure du temps, l'horloge est l'union de 12 heures AM et 12 heures PM, c'est à dire du matin et de l'après-midi. Nous passons ici implicitement d'un cadran à un autre qui est au-dessus de midi ou de minuit. Si on symbolise les deux cadrans par deux sphères identiques et que nous les disposons l'une sur l'autre nous obtenons le 8. Ce chiffre est un

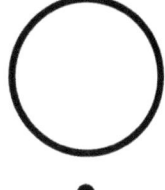

La courbe ou la sphère : l'espace

Le point : le plein ou le vide
(la manifestation, la puissance)

Le segment : le temps

Temps et schéma de l' Horloge.
(le choix d'un cadran circulaire par les premiers horlogers – il exista des cylindres pivotants, ou d'autres systèmes – exploite un vocabulaire symbolique). Infographie Eclosion.

symbole d'infini d'autant plus qu'il est figuré dans sa dimension verticale pour devenir une lemniscate. Le relevé de la position du soleil à partir d'une point fixe pendant une année donne une sorte de 8 horizontal que l'on nomme en astronomie: l'annalemne. Je rappelle que la Lumière du soleil met 8 minutes pour nous parvenir. Le 8 est donc à la fois une figure centrale et le symbole qui donne à la Lumière son caractère infini et sacré.

Le 24, quant à lui, est le nombre de la prière, du dialogue avec le divin. Il faut 8 minutes au soleil pour nous faire parvenir sa Lumière. Il lui faudra alors 8 minutes pour recevoir son reflet, une fois qu'elle aura embrassé l'être de ses rayons. Et il nous faudra alors 8 minutes pour recevoir alors sa "réponse" 8 x 3= 24 minutes pour effectuer cette sorte de dialogue avec la Lumière.

Pour qu'elle nous informe et nous réinforme. Informe: La lumière nous instruit dans la forme...

Traditionnellement, il nous faudra, le 24 décembre, veiller pour voir naître celui qui dira dans son ascension vertigineuse : « Je suis la Lumière du monde »

Dans l'Univers, l'espace-temps est lié à la masse (notre point du schéma 1) et à la vitesse (notre droite). Plus nous nous rapprochons de la vitesse de la Lumière et plus le temps devient comme courbé.

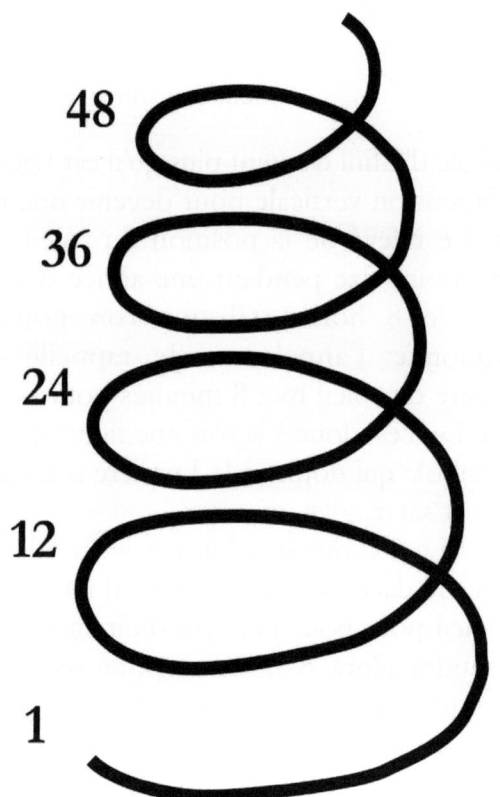

Schéma 2, l'ascension en spirale

Or, rien à part la pensée ne peut approcher, voire dépasser cette vitesse de la Lumière. Seule la pesanteur et la vitesse de notre pensée permettent ce miracle.

Le cerveau qui reçoit la conscience est donc la parfaite *machine* à voyager dans le temps et l'espace. Pour effectuer ce prodige, cet autre tour de cartes, la conscience a imaginé pour cela des portes et des cartes qui indiquent la façon d'y accéder.

Toutes les heures comme tous les 24 arcanes du Tarot sont des portes qui donnent accès à différents espace-temps, d'autres univers énergétiques, dépendant de la masse énergétique que nos corps représentent. C'est sur cette masse que l'adepte du Tarot en 24 lames va jouer pour accéder à ces différents espace-temps. Notamment grâce à la vibration et à d'autres procédés qui sont enseignés tout au long de cette initiation, qui est aussi une seconde naissance. Le plus grand miracle de ce tour de cartes et de permettre à l' être de sortir également de tout espace-temps, retrouver le point 0 de la gravité, c'est-à-dire le centre, ce point qui est à équidistance de tous les rayons de la Lumière. C'est là que toutes leurs énergies, nous informent, nous fécondent en même temps et nous affranchissent des lois qui régissent la matière pour pénétrer sa dimension purement volatile et Lumineuse. Passé la 24e porte, l'homme nourri de la Lumière n'est plus un homme mais un dieu que nous tra-duirons par *la Lumière du Jour*. Je pense que c'est celà qu'a voulu signifier le rédacteur de l'Évangile quant il fait dire à Jésus : « Je suis la Lumière du monde ». Cet espace supra-lumineux auquel nous accédons alors est un espace où tout est contenu en terme d'information. C'est la dimension du Noos, la Noos sphère. Une source de Vie et de connaissance infinies où l'être a la possibilité d'être fécondé et de naître alors à chaque instant.

L'initié qui maîtrise le Tarot solaire maîtrise donc le Temps. Et qui maîtrise le Temps maîtrise aussi son destin. Il ne se limite plus à l'observation et au transport dans tel ou tel point du temps et de l'espace. Ayant reçu tous les rayons de la Lumière par l'intermédiaire des portes des Arcanes, il a la faculté désormais de la féconder à son tour.

Trouver le bon timing est aussi une connaissance fondamentale que nous enseigne le Tarot.

S'extraire de la platitude et de la gravité de l'espace-temps en ne recherchant plus des portes, c'est-à-dire des singularités, mais en devenant une singularité, une porte soi-même, vers un espace que l'on aura soi-même fécondé, instruit et coloré par les différentes couleurs des *Ray El*, des rayons de la Lumière. C'est aussi ce que la tradition ésotérique nomme le Royaume : le monde des dieux.

Nos trois éléments du petit schéma de l'horloge sont aussi une fractale de ce qu'est l'Homme dans cette quête de divinité et de renaissance. Le point représente son poids, sa présence, son JE. La courbe, quant à elle, représente son Anima, son féminin sacré qui est en quelque sorte son terrain fécondable. Et la droite son animus, son masculin sacré, force de déplacement et d'action dans et sur la matière. Ce qui a la faculté, empruntée à la Lumière, de féconder.

L'alliance de ces trois éléments donne naissance à une autre singularité qui nous place à la fois en dehors et au centre du Temps et de l'espace sans en être affecté.

Le temps cesse d'être linéaire pour en premier lien apparaître sphérique puis spiralé. Ce qui nous donne accès à n'importe quelle porte de l'espace-temps à tous les niveaux. Mais aussi la possibilité de s'en extraire.

Comme l'horloge dont le mécanisme fait participer tous les rouages, la vie est une vibration éternelle qui engage tout le monde dans différents plans du temps ou de l'espace. A part parfois dans l'imagerie du mental, rien n'est immobile ou limité, tout est en mouvement.

Mais tout ne va pas pas unilatéralement vers un côté ou vers un autre, mais dans le sens où on le conduit. Dans le sens où on fait naître les choses ou les évenements. Tout a un sens dans l'Arcane qu'est notre réalité, notre monde qui n'est pas arrivé à sa fin mais à une transition, un dépassement de son paradygme vers un nouveau purement lumineux qui le fera renaître. Et c'est un grand secret que nous livre en 24 images par instant votre Tarot.

Il nous faudra être tour à tour fécondé par les 24 Rayons de la Lumière solaire qui est une fractale de la Lumière incréée pour devenir nous-même le 25e Rayon. Un centre nourri par les 24 premières énergies. Une être purement centré qui s'élève alors dans sa gloire, en spirale.

La 25ᵉ heure est le 8ᵉ jour de la création, c'est à dire l'endroit en nous-même et le non-temps où l'être se repose et jouit de sa propre pro-création, une fois qu'il a trouvé son propre rythme, son propre timing.

Trouver le bon timing est aussi une connaissance fondamentale que nous enseigne le Tarot. C'est-à-dire, par la contemplation de la lumière réfléchie par les arcanes, trouver les courbes où nous sommes fécondés par cette lumière.

Dans cet exercice très simple du tirage de l'Arcane de la journée, le matin, nous allons vérifier tout au long de cette journée la présence et l'action de telle ou telle énergie mise en évidence. C'est un très bon exercice, lui-même fécondant en bien des points. C'est avant tout un exercice qui permet de stimuler l'attention et d'affiner notre vibration.

La force, qui symbolise entre autre, la maîtrise des heures du jour par le héros.

Observer dans un premier temps, désocculter les Arcanes (secrets) de la Vie, qui se meuvent dans la Lumière, demande une grande attention, un sens de l'anticipation et surtout une intuition. Ceci ne s'improvise pas en quelques séminaires. C'est un travail de tous les instants. Un travail pour les héros que nous sommes tous, plus ou moins intérieurement et qui ne demande alors qu'à naître au terme des ces 24 heures ou Arcanes.

Yohann ayant entrepris de dessiner son propre Tarot, cette lame qu'il nous a adressée sans légende représente fort probablement La Force, la lame N° XI, utilisant divers symboles correspondants, dont la figure de Gilgamesh, Gloire de Samash, proto Héraclès, Gloire d'Hera, qui lui aussi œuvrera en douze étapes pour revenir à son départ. Dessin Yoann Lamant.

Nous sommes bien sûr ici dans de la magie, celle de la réminiscence de cet être héroïque et divin dans nous sommes. C'est ce que permet le bon timing et auquel nous venons de donner une excellente définition : l'intuition. En effet, que nous soyons tarologue ou pas, initié ou non, nous avons tous l'intuition de la Lumière divine, tout simplement parce qu'elle nous fonde, nous nourrit, nous appelle à chaque instant. Plus notre intuition est forte et constante, et plus cette Lumière nous ouvre de portes vers ce que nous sommes intimement. C'est-à-dire ce que Carl Gustave Jung nomme des Aions, des êtres parfaitement polarisés, au centre de la Lumière ; des Rayons individués de cette Lumière solaire et sa fractale; la Lumière incréée. C'est donc aussi par cette intuition que l'Homme est fécondé pour naître en tant que dieu, rayon conscient et lui-même fécondant de cette Lumière. C'est effectivement ainsi que naissent les héros et les dieux, parce que cette intuition conduit à l'anticipation.

L'intuition nous permet en effet d'anticiper la réception des énergies que nous avons identifiées dans les 24 Arcanes de notre horloge. Ces Arcanes une fois éclairés, dépliés, nous donnent une cartographie exacte des flux des énergies cosmiques et telluriques que nous fait parvenir la Lumière.

Dans un mythe aborigène, le monde est créé durant le temps des rêves. Il est éclairé et colorisé par le serpent arc-en-ciel qui vient ainsi donner du relief à la réalité tout au long du chemin qu'il aura parcouru sur la terre qu'il féconde. Ce mythe est effectivement une autre sorte de Gnose solaire extrêmement ancienne.

Le serpent tour à tour aquatique, terrestre et Lumineux c'est-à-dire solaire grâce à cette faculté toute phallique de se redresser et de voir au dessus du relief, incarne à lui seul et de façon magistrale cette Lumière. A la fois comme elle courbe et droite, il est le point par excellence de la manifestation de la vivacité que contient le reptile. Cette idée d'arc-en-ciel enfin qui vient comme pour nourrir la terre de la Lumière et de

Yoann Lamant nous présente ici un mat tirant à l'arc. Les personnes connaissant le Tarot – dit de Marseille – auront identifié le Mat et son chien, tandis que l'arc ne figure de fait que sur une seule lame, qui porte le numéro VI, porté par un érote, un cupidon fils d'Aphrodite, qui sera aussi représenté par le peintre Raphaël. Nous laisserons à l'auteur de cet article le soin d'expliquer ce mariage, explication dont il promet la prochaine parution. Dessin Yoann Lamant.

ses couleurs est également d'un point de vue symbolique extrêmement intéressant. On le trouve dans l'Arcane 6 du Tarot, l'Amoureux, sous la forme du dieu Eros et de son arc.

L'arc est bien sûr un objet et un symbole étroitement lié à l'évolution de l'Homme à la surface de la terre. Lui permettant d'anticiper en se défendant des bêtes sauvages et de se nourrir en chassant.

L'arc de chasse nous donne l'alignement et la courbe,. la flexibilité et la dureté par les matériaux utilisés et cette idée, à la fois de tension et de relâchement,. un creux et un plein qui s'appellent, comme la flèche de l'arc appelle sa cible. Comme le Rayon de la Lumière appelant la vie dans les différents corps qu'il touche et qu'il féconde sous tous ses angles. C'est cette impulsion primordiale que j'ai rappelé en dessinant l'Arcane du Mat: Une impulsion est générée par l'équilibre parfait entre la tension et le relâchement. Cet arc à plusieurs cordes comme une lyre nous parle bien sûr des rayons de la Lumière du Tarot, qui nous frappent, nous touchent dans tous les sens du terme.

Au bout de cette flèche, il y a une Pomme d'Or, en référence aux Travaux d'Hercule qui devra, dans ses travaux, ramener les Pommes d'Or du Jardin des Hespérides. La Pomme d'Or est un concept intéressant pour notre étude sur la fécondation de l'être par la Lumière. Et donc de ses qualités de transfiguration et de transmutation de l'être. Car la Pomme d'Or peut être vue comme un fruit divin chargé de la Lumière divine.

Du Jardin des Hespérides, le mythe au départ nous confie que nul ne connaît son emplacement. Il peut être vu à son tour comme ce centre, le point à partir duquel nous allons construire notre propre jardin, notre propre royaume.

Les Arcanes de ce Tarot en 24 lames sont réalisés sur une surface dorée, rappelant les feuilles d'or que les initiés aux mystères d'Orphée faisaient mettre dans leurs caveaux. Ces feuilles d'or contenant les instructions nécessaires pour traverser l'au-delà. L'or est depuis la nuit des temps un symbole de royauté et de l'astre solaire. Il est pour les alchimistes, un métal noble et mûr: Toute la subtilité de l'alchimie opérative étant bien sûr de pouvoir faire arriver à maturation la plupart des métaux communs que nous sommes peut-être aussi au départ. Ces derniers métaux devront être purifiés pour qu'ils soient alors une pure expression de la Lumière qui les a fait mûrir. La Pomme d'Or c'est bien sûr la Pierre Philosophale, l'Or des Sages,. cette matière qui est aussi à l'origine de l'Elixir de longue vie et qui est à même de transmuter l'âme comme les autres métaux.

C'est cette idée qui donna d'ailleurs le terme Al/El Kemia, qui devint pour nous occidentaux l'Alchimie. Al ou El nous renvoie au divin, mais aussi a la Lumière (par exemple Bab El pour la Porte de la Lumière - cette tour qui est d'ail-

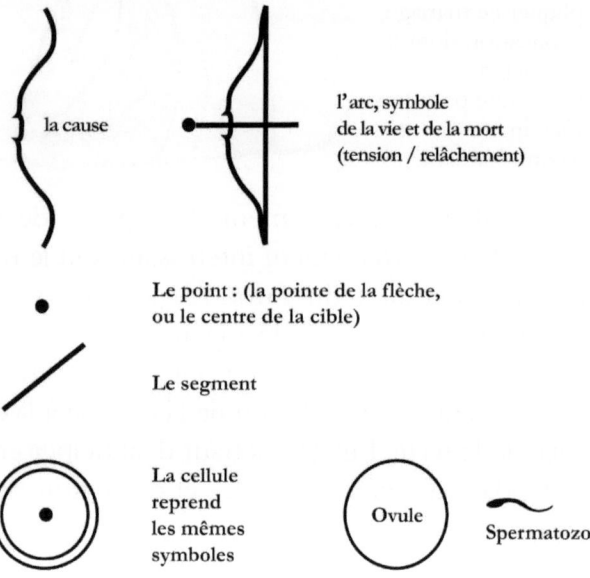

Schéma 3 : l'arc, la flèche, sa pointe. Infographie Eclosion

leurs souvent représentée comme s'élevant en spirale...

Et de Kemia (Kem/Ancienne Egypte) qui désigne aussi la terre noire bordant le Nil, très féconde... La terminologie de ce mot arabe *Al Kemia* représente donc la rencontre de la Lumière et de la terre dans un contraste. C'est avant tout une contemplation de cette Lumière qui touche et féconde la terre noire, cette glèbe aussi que nous sommes.

...la matérialisation de l'Éternité...

Pour les Kamites, l'homme noir est également nommé l'Or. L'Homme qui comme le métal a été nourri par la lumière (ces UV qui font vieillir la peau et nous nourrissent de leur énergie).

Comme pour le grain de blé, les gouttes d'eau chargées de la Lumière solaire et des rayonnements des astres pénètrent dans la terre pour féconder le grain et le faire mûrir. Et enfin le faire devenir comme l'Or au moment des moissons. Intuition, attention, observation, l' Alchimiste est avant tout un philosophe de la Nature comme l'est le Tarologue. Et leur épouse est la Lumière.

Puisque nous évoquons l' Alchimie et ses symboles, nous pourrions aussi parler du Lion qui est une figure solaire également. Sa crinière dans mon Tarot est sa radiance en 24 rayons.

C'est un symbole que l'on retrouve dans l'Arcane 11 : la Force, qui symbolise entre autre, la maîtrise des heures du jour par le héros.

J'aimerais terminer notre étude en parlant des couleurs, qui sont très importantes, parce qu'elles rendent compte justement de cette maturation qui fait place à la fécondité des rayons de la Lumière. *Nigredo, Albedo, Rubedo* pour œuvre au noir, au blanc puis au rouge, ces trois couleurs du Grand Œuvre Alchimique.

Du noir au rouge pour les philosophes de la Nature, le Grand Œuvre reprend ce cycle de la Lumière qui féconde la matière une fois purifiée de ces scories.

C'est aussi bien entendu le cycle du soleil, de l'obscurité de la nuit à la Lumière du jour, jusqu'aux couleurs rougeâtres et dorées du couchant ou du levant qui, bien que paraissant très brèves, très fugaces, sont la matérialisation de l'Éternité contenue dans le Grand Œuvre que réalise en chaque jour de 24 heures, la Lumière.

Du noir au rouge c'est aussi un parcours : celui du Héros qui, d'épreuve en épreuve, au fil des portes qu'il ou elle franchira dans les rayons de la Lumière – comme par exemple dans ce dégradé en 24 tons que représentent les Arcanes –, va s'anoblir comme mûrissent les métaux sous le regard et les mains pleins de Lumière de cet Aion, de ce héros qu'est l'Homme qui se tourne vers la Jour de sa lumineuse naissance. **Yoann Lamant**

1 - Il est ici fait référence à l'ouvrage de Patrice Serres, *Le Mystère de l'ordre alphabétique* (Presses du Châtelet, Paris, 2010), qui explique la genèse des alphabets en 24 puis 22 lettres – et incidemment donc du Tarot, correspondant à l'alphabet hébraïque dans l'une de ses couches signifiantes, fait qui est connu depuis environ 200 ans.

ÉLOGE DU YIN

Equilibres et rôles éternels...

Eulalie Steens – Sinologue, écrivaine.

Chine ? Féminité ? Masculinité ? Ces mots évoquent immédiatement le *yin* et le *yang*. Serait-ce que la Chine soit plus féminine ? Plus masculine ? Un simple panorama historique peut nous donner une idée de cet équilibre parfois fragile.

La civilisation dite de Hongshan (Montagne Rouge) se localise au nord-est de la Chine, à cheval entre les provinces du Hebei, celle du Liaoning et la Région Autonome de Mongolie Intérieure. Hongshan, le site principal qui donna son nom à cette civilisation, est sis dans le district de la ville de Chifeng (en mongol : Ulaankhad khot). Elle n'est pas la seule civilisation du Néolithique chinois, il en existe d'autres, plus célèbres, dont celles de Yangshao (dite de la poterie peinte) et de Longmen (dite de la poterie noire). Celle de Hongshan nous intéresse plus particulièrement ici quant au fait qu'elle aurait été de type matriarcal.

On peut situer la culture de Hongshan autour de 4.500 / 3.000 avant JC. Cette civilisation néolithique agricole, pratiquant la chasse, qui se caractérise soit par de minuscules villages, soit par de petites villes de plus grande importance, ne semble pas avoir été homogène au sens où il ne semble pas y avoir eu de pouvoir centralisé. Toutefois, des caractéristiques communes s'y retrouvent. On édifiait des sortes de cairns dans la nature et l'on sculptait le jade. Les motifs sont animaliers, avec des dragons, des oiseaux, des tortues, des « nuages en crochet » et ce que les historiens chinois nomment des « dragons-cochons » (*zhulong*), lesquels sont apparentés à nos ouroboros.

Sauf qu'il dut ses capacités militaires à une femme qui descendit du ciel pour lui apporter un traité de stratégie guerrière. Sans elle, il n'aurait rien été capable de faire.

On citera en particulier le site de Niuheliang. On y a retrouvé des cairns qui auraient servi d'autels, et une sorte de construction souterraine que les archéologues ont nommé « temple de la déesse ». Dans les tombes, on a retrouvé des représentations de femmes nues, soit en jade, soit en terre cuite. On signalera qu'il s'agit d'une rareté en Chine, compte tenu du fait que le corps humain nu fut rarement représenté. Bien évidemment, les discussions font rage pour savoir si effectivement il s'agissait ou non d'une société vraiment matriarcale, au sens où l'organisation sociale aurait été matriarcale avec un système matrilinéaire. Quelle que soit la réponse, il est indéniable que l'on y retrouve ici un culte à la femme et à la féminité. La civilisation de Hongshan disparut vers 3.000 avant J.-C, sans que l'on en connaisse l'exacte cause. Guerre ? Changement climatique ? Toutes les hypothèses sont plausibles.

Au-delà de l'archéologie, les premiers personnages chinois qui entrent dans l'Histoire sont répertoriés pour la première fois dans le *Shiji*, dû au pinceau de l'historien Sima Qian (-145 – -86). Les Trois Augustes (*san huang*) sont les premiers souverains à régner en Chine : Fuxi, Nügua (parfois prononcé Nuwa), Shennong. Le troisième, Shennong (le Divin Laboureur), était un homme à tête de bovin. Il initia les humains aux méthodes de labourage et mit en place les prémices de la pharmacopée.

Fuxi et Nügua formaient un couple. On les situe au IIIe millénaire avant JC. Fuxi aurait vécu de – 2953 à - 2838. Il régna onze années. Son corps avait la forme d'un serpent. Il aurait inventé la cithare *se* et les filets de pêche. Il régla les rites du mariage. Et c'est à lui que l'on doit les huit trigrammes composés des traits *yin / yang*, qui, multipliés entre eux (8 x 8), ont fait les 64 hexagrammes du *Yijing*. Il eut cette idée en observant la nature. Nügua fut la sœur et l'épouse de Fuxi. Elle régna en même temps que lui et

Peinture de Guo Xu (1456–c.1529) (sous la dynastie Ming) : Fuxi concevant un trigramme.
Guo Xu album dated 1503, domaine public.

partagea le pouvoir à égalité. Elle créa les êtres humains en les façonnant dans la terre jaune de Chine. Elle a aussi inventé un instrument de musique : l'orgue à bouche *sheng*. Les représentations traditionnelles figurent Fuxi et Nügua enlacés par leur queue de serpent. Lui tient à la main l'équerre symbole du carré et de la terre (main gauche), elle, le compas symbole du rond et du ciel (main droite).

Après ces trois personnes de renom, vinrent les Cinq Empereurs (*wu di*) : Huang Di, Zhuanxu, Ku, Yao, Shun. Ces cinq hommes, cooptés pour leurs capacités exceptionnelles, étaient polygames. Qui dit polygamie (ne serait-ce que bigamie) implique un système de société patriarcale. Or, il faut noter ici une certaine ambivalence chinoise. Huangdi, l'Empereur Jaune, fut le père de vingt-cinq fils. Il se montra un guerrier redoutable en matant une rébellion fomentée par la famille de Shennong. Sa gloire fut telle que tout le monde désira qu'il prenne le pouvoir, ce qu'il fit. Certes. Sauf qu'il dut ses capacités militaires à une femme qui descendit du ciel pour lui apporter un traité de stratégie guerrière. Sans elle, il n'aurait rien été capable de faire. S'il a élaboré des techniques médicales dont on garde mémoire grâce à un manuscrit, le *Huangdi neijing*, le Classique Interne de l'Empereur Jaune (qui daterait en réalité du Ve siècle avant J.-C.), toutes les connaissances de Huang Di en matière de sexualité lui ont été expliquées par une femme, Su Nu, qui fut son initiatrice. Un texte en garde la mémoire : le *Su Nu jing*, *Traité de la Fille de Candeur*. Ce qui nous ramène à un Tao de l'art d'aimer, où il s'agit d'harmoniser le *yin* (féminin) et le *yang* (masculin).

Au temps de la dynastie Shang, un personnage féminin étonnant se détache notoirement. La Dame Hao (Fu Hao) fut une des trois épouses principales du roi Wuding qui accéda au trône en -1324. Son nom avait été conservé dans les annales. Et quelle ne fut pas l'étonnement lorsque les archéologues découvrirent sa tombe en 1976, à Xiaotun, près d'Anyang (province du Henan). La tombe n'avait pas été pillée : on découvrit 1.600 œuvres d'art (jades, ivoires, poteries, vases en bronze – dont un de 117 kg) et 7.000 cauris (monnaie). En revanche, le corps et le cercueil étaient désintégrés. Cette reine tint un statut très

Bas-relief de Nügua au Temple Ping Sien Si Temple à Perak, Malaisie. Photograph from the Ping Sien Si Temple in Perak, Malaysia taken by Anandajoti. Auteur : Photo Dharma from Penang, Malaysia. Domaine public.

important. Elle fut mère et son royal époux interrogeait souvent l'avenir par les *jiagu* (scapulomancie) au sujet du déroulement de ses grossesses. Plus remarquable, Fu Hao reçut de hautes responsabilités gouvernementales. Elle dirigea certains rituels royaux. Et, surtout, fit sa renommée en menant des expéditions militaires. Tel un homme, à la place de son mari, elle mena les troupes à la guerre, juchée seule sur le char royal. Sans problème, cette femme tint un rôle masculin et fort sans que sa valeur ne fut jamais remise en cause. A son décès, Wuding lui octroya le titre de Reine Xin.

La famille du fiancé envoyait des présents à la fiancée.

Approfondissons davantage le sujet en nous tournant vers le quotidien des Chinois. De ce peuple de l'ethnie Han. Nous avons la chance d'avoir conservé un ouvrage, le *Shijing*, le *Livre des Poèmes* (ou *Livre des Odes* ou *Classique des Vers*). Il s'agit d'une anthologie de poèmes remontant à une époque entre le XIe et le Ve siècle avant J.C., c'est-à-dire durant la dynastie Zhou. Le recueil rassemble des chansons populaires, des chants de Cour et des hymnes religieux ou rituels. Les partitions de musique sont perdues. Confucius faisait grand cas de ce manuscrit car il était pour lui une source importante d'enrichissement du vocabulaire et de l'apprentissage de mots rares et anciens. On y découvre en même temps les mœurs de l'époque. Quelques extraits, d'après la traduction de Séraphin Couvreur, 1896.

Par exemple, on apprend que les mariages se font par entremetteurs / teuses. Voici le cas d'un jeune homme :
**I. Kouo foung, X V. Pin foung
158. Chant V. Fa Ko.**
Les habitants de l'est se réjouissent de l'arrivée de Tcheou koung. Depuis longtemps, disent-ils, ils désiraient le voir, et ne pouvaient obtenir ce bonheur. A présent, il leur est si facile de le voir qu'il est facile à un homme de tailler un manche de hache, quand il a une hache, ou de se marier, quand il a un entremetteur.
1. Pour tailler un manche de hache, que faut-il ? Il faut une hache (munie de son manche). Pour avoir une épouse, que faut-il ? Il faut un entremetteur.
2. Quand je taille un manche de hache, j'ai le modèle près de moi. (Ce modèle est le manche de la hache qui me sert d'instrument. Si j'ai un entremetteur, il m'est facile d'avoir une femme). Je vais au devant de cette jeune fille (que l'entremetteur m'a trouvée); les vases sont déjà rangés en ordre pour les offrandes (tout est prêt pour la cérémonie du mariage).

Tandis que cette jeune fille recherche un mari qui la protégera des autres hommes :
**I. Kouo foung, II. Chao nan
20. Chant IX. Pia O Iou Mei.**
Une jeune fille désire contracter mariage, de peur d'être exposée aux outrages des libertins.
1. Les fruits tombent du prunier ; il n'en reste plus que sept (ou il n'en reste plus que les sept

dixièmes). Puissent les bons jeunes gens qui me désirent, profiter de cet heureux jour !
2. Les fruits tombent du prunier ; il n'en reste plus que trois (ou les trois dixièmes). Puissent les bons jeunes gens qui me recherchent, venir aujourd'hui
3. Les derniers fruits sont tombés du prunier ; on les a recueillis dans le panier plat à bords déprimés. Puissent les bons jeunes gens qui me recherchent, venir sans retard fixer le jour des noces !

Déroger aux règles est de mauvais augure :
I. Kouo foung, IV. Ioung foung
51. Chant VII. Ti To Ung.
Une union qui n'est pas contractée selon les règles, est semblable à l'arc-en-ciel, qui résulte d'un trouble dans la nature, est de mauvais augure et prive la terre de la pluie du matin.
1. Lorsque l'arc-en-ciel paraît à l'orient, personne n'ose le montrer du doigt. Une fille qui se marie, quitte ses parents et ses frères.
2. Lorsque l'arc-en-ciel paraît le matin à l'occident, la pluie cesse avec la matinée. Une fille qui se marie, quitte ses parents et ses frères.
3. Cette fille pense à se marier (sans tenir compte des usages). Elle se perd elle-même, et ne connaît plus la loi naturelle.

Au hasard des lignes, on apprend qu'une femme ne peut entreprendre quoi que ce soit sans l'aval de son mari à qui elle doit obéissance. Mais on y lit aussi que le jeune homme n'est pas forcément plus libre : hors de question de contracter mariage sans l'aval de ses parents. Et si au printemps, garçons et filles improvisaient des joutes oratoires afin de se séduire, les règles strictes de la vie en société s'appliquaient. Une fois les fiançailles conclues, la famille du fiancé envoyait des présents à la fiancée. On préférait célébrer les noces après la fonte des glaces, lors de la floraison du pêcher, le soir, au crépuscule. Le fiancé allait lui-même chercher sa promise pour la célébration des noces. Un prince pouvait s'y rendre avec une escorte de cent chars. Et la princesse partir avec les cent chars de la maison de son père. Il était de bon ton qu'une veuve d'au moins 50 ans ne se remarie pas.

Trois mois après ses noces, l'épouse se devait d'aller au Temple rendre hommage aux ancêtres de son mari. Au quotidien, l'épouse s'occupait uniquement des affaires domestiques. Mais le culte des ancêtres était dirigé par le fils aîné de la famille. On le voit, la société reste à organisation patriarcale, et le culte des ancêtres, patrilinéaire.

Pour avoir une épouse, que faut-il ?
Il faut un entremetteur.

C'est en – 551 que naquit Confucius. Il fut le contemporain de Lao Zi. Confucius eut le mérite de faire prendre conscience à des hommes -- qui devinrent ses disciples -- qu'il faut étudier, penser, se perfectionner soi-même, retourner vers la voie (Dao / Tao) des Anciens du temps des Empereurs mythiques. Conservateur et révolutionnaire à sa manière, il chercha toute sa vie un souverain capable de l'écouter et d'appliquer ses recettes de gouvernement. Il ne désirait pas changer la société mais l'améliorer. Que pensait-il des femmes ? Ce n'est pas un sujet qu'il aborda spécifiquement. Il vivait dans une société patriarcale, il tenait au culte des ancêtres, et il n'y avait aucune raison que cela ne change. Une seule fois, dans le *Lunyu* (*Entretiens*), il prononça le mot « femmes » ; mais la phrase étant tronquée, on ignore absolument la signification du propos, qui assimile les femmes de second rang aux hommes de service, en les jugeant peu maniables (17.24).

Lao Zi, de son côté, se positionna différemment, puisqu'il préconisa aux hommes de cultiver leur part de féminité, affirmant que le *yin* (le souple, la mer) l'emporte sur le *yang* (le dur, la falaise). C'est d'ailleurs toute la ligne philosophique du Taoïsme depuis 2.500 ans.

Dans ce contexte, il semble que le statut de la femme ne soit pas forcément moindre. Par exemple, les archéologues ont découvert sur le site de Mawangdui (près de Changsha, capitale de la province du Hunan) des tombes du Marquis et de la Marquise de Dai, ainsi que celle de leur fils. L'ensemble avait été découvert entre 1972 et 1974. La Marquise (décédée autour de – 168) avait fait le buzz, comme nous dirions actuellement, car son corps, embaumé, avait gardé toute son élasticité. Les trois personnes avaient été enterrées (pas à la même date) avec de magnifiques soieries, objets en laque, des manuscrits sur soie (*Yijing*, *Daodejing*, etc..). En aucun cas, la Marquise n'avait eu une sépulture moins riche que celles de son époux et de son fils.

Nügua et Fuxi, estampage d'un bas-relief, tombeau de la famille Wu, province du Shandong, Dynastie des Han Orientaux, 151 environ. Wikicommons, libre de droits. Ils tiennent le compas et l'équerre, instruments qui dans plusieurs cultures ont toujours servi à mesurer la terre et le ciel – on peut se souvenir de la phrase des lamelles d'or orphiques : « Je suis le fils de la terre et du ciel étoilé. » indiquant en Occident la présence de cette dualité.

D'autres femmes sont restées dans les annales. La Dame Li, le grand amour du célèbre Empereur Wu (Wudi), qui accéda au pouvoir en - 141, fut sans doute la femme la plus célèbre de son temps. Au point qu'après son décès, un magicien taoïste du nom de Shaoweng, pour amoindrir le chagrin du souverain, fit apparaître sur un mur la silhouette de la bien-aimée. L'événement fut si réaliste que l'empereur crut que sa concubine chérie était ressuscitée. (Ce qui fait, signalons-le au passage, de Shaoweng, l'inventeur de ce que les Occidentaux appelleront plus tard la lanterne magique – voir *Un Temps* n°1).

Mais l'Histoire garde aussi le nom de femmes tristement célèbres, d'une énergie incroyable. L'impératrice Lü fut l'épouse du fondateur de la dynastie Han, Liu Bang (Gaozu). Il accéda au trône en -206. Lorsqu'il mourut en -195, elle voulut prendre sa revanche. Les années de privation, les années de combat, les années de règne dans l'ombre de son mari, tout cela était derrière elle. Lorsque son fils accéda au pouvoir, elle prit les rênes du gouvernement. Huidi, au tempérament doux, ne la contraria pas. Elle commença donc à faire le vide autour de lui. Et son arme la plus féroce fut le poison. Les demi-frères de Huidi, leurs mères... tous passèrent dans l'au-delà.

Une concubine de Gaozu, la belle Qi, subit un sort effroyable, et resté célèbre 2.000 ans après. L'Impératrice Lü lui fit arracher les yeux, brûler les oreilles, trancher mains et pieds, et la rendit muette grâce à une drogue. On relégua l'infortunée dans les cabinets d'aisance. Elle fut surnommée la « Truie Humaine ». Quand Huidi vit le spectacle, il en tomba malade de frayeur pendant un an et laissa sa mère gouverner totalement. Pour se tenir au pouvoir après la mort de Huidi, elle s'inventa un héritier avec une de ses petites-filles qui simula une grossesse. Et l'on substitua un garçon qu'elle mit sur le trône. L'Impératrice était donc devenue un Empereur à part entière en nommant des membres de sa famille à des postes clefs, dont de nombreuses femmes. Elle continua de gouverner en éliminant au maximum les membres du clan Liu. Elle eut en revanche un programme politique assez bénéfique. Elle fit faire des grands travaux à la capitale, Chang'An (actuelle Xi'an). Elle se concilia les lettrés confucéens en annulant la proscription des livres de l'Empereur Qin Shihuangdi. Seule la vieillesse eut raison d'elle. Elle mourut en – 180. Un petit-fils de Liu Bang marcha alors sur la capitale et trucida les membres du clan Lü. Mais le conseil des ministres choisit pour Empereur un autre fils de Liu Bang qui avait survécu.

L'ordre masculin fut rétabli.

Sous la dynastie Tang (618 - 907), où les femmes pratiquaient la danse et divers sports – comme l'équitation – et jouaient au polo, on connaît une femme au tempérament énergique : Wu Zetian. Née en 625, elle fut la concubine de Li Shimin – Empereur Taizong – et fils du fondateur de la dynastie Tang. Sa beauté était paraît-il si spectaculaire que l'Empereur la fit entrer dans son harem. A cette époque, un Empereur avait le droit à une Impératrice, 120 concubines, et un harem de 3.000 femmes. Wu obtint tout de suite le niveau du quatrième rang. L'Impératrice était décédée. La place était à prendre. Leur relation dura dix années jusqu'au décès de Taizong. La coutume voulait que les épouses de l'Empereur défunt entrent dans un monastère bouddhiste, sis près de sa tombe. A vingt-quatre ans, son avenir s'effondrait, et celui du clan Wu par la même occasion. Sauf que l'Impératrice, épouse du nouvel Empereur Gaozong, ne pouvait avoir d'enfant alors que la seconde épouse avait été féconde.

Pour éviter sa destitution, l'Impératrice eut l'idée de rappeler Wu Zetian à la Cour pour distraire son mari... La jeune femme revint, contre toutes les règles morales chinoises. Mais les nouveaux dirigeants de la dynastie Tang avaient du sang barbare et cette coutume ne dérangeait personne. Wu Zetian se retrouva donc la concubine du fils de celui avec qui elle avait vécu. Désormais officiellement revenue, elle décida d'aller plus loin. Elle s'ingénia à se faire aimer de ceux qui pourraient l'aider dans son ascension, par des distributions de cadeaux. Le jour où elle accoucha d'une fille, elle monta un stratagème diabolique. Elle étouffa l'enfant et accusa l'Impératrice du meurtre. L'Empereur ne broncha pas. Elle continua ses calomnies, accusant sa rivale de magie noire. L'Empereur n'eut d'autre ressource que d'ordonner qu'elle règle elle-même ses problèmes au sein du harem. Elle ne s'en priva pas. L'Impératrice et l'épouse en second furent arrêtées et condamnées à mort. Avant d'en arriver là, leurs pieds et leurs mains furent coupées. Et on plongea les malheureuses dans du vinaigre. Elles mirent trois jours à mourir, non sans maudire leur tortionnaire.

Leurs esprits fantômes encombrèrent les nuits de Wu qui s'employa à effectuer des rituels magiques pour se débarrasser des revenantes. Ayant repris force, l'ascension de Wu fut implacable. Elle fut nommée Impératrice, mais voulut davantage. Lorsqu'en 666 l'Empereur dut effectuer les anciens sacrifices rituels *feng* et *shan*, elle désira participer. Puisque l'Empereur était un homme, elle déclara qu'il fallait qu'il sacrifie au ciel, et qu'elle, elle s'octroyait le sacrifice dévolu à la terre. Ceci afin de respecter l'équilibre *yin* / *yang*. Les fonctionnaires confucéens s'étranglèrent d'horreur, les partisans du Taoïsme applaudirent. A l'instar de Fuxi et Nügua, le couple impérial effectua ainsi les sacrifices. En 674, elle prit le titre de *Tianhou*. Elle n'est plus l'Impératrice, épouse, mais bien Impératrice souveraine.

Elle se lança alors dans l'élaboration d'un projet politique en douze points. Elle soulagea le peuple d'impôts et de corvées. Elle engagea un désarmement progressif au profit d'une éducation tournée vers la morale, et la pensée de Lao Zi fut édictée en dogme. Elle instaura un système a priori démocratique de parole, se disant prête à écouter les critiques… et châtia les calomniateurs. (On remarquera que cette tactique fut reprise 1.500 ans plus tard par Mao Zedong !) Dans la foulée, elle réforma les rites du deuil. Ceux-ci ne concernaient que le père. Désormais, le deuil de trois ans serait aussi observé pour la mère. Les femmes devenaient ainsi l'égale des hommes. Et pour accomplir son œuvre, Wu fit comme l'Empereur, elle prit des « concubins ». Lorsque Gaozong mourut en 683, Wu Zetian régna seule, écartant les héritiers présomptifs. Elle avait réussi son objectif : rétablir le matriarcat qu'elle disait avoir été éliminé par les hommes.

Bien sûr, il y eut une rébellion, mais elle fut réprimée dans le sang. Les années passaient et la Cour vivait dans l'angoisse et la terreur des complots, des délations et autres joyeusetés. Elle se tourna vers le Bouddhisme et se déclara bodhisattva. Elle changea même le nom de la dynastie de Tang en Zhou, en reprenant le nom de l'ancienne dynastie de l'Antiquité. C'est au début de l'année 705, que des comploteurs eurent le courage de se soulever. Ils tuèrent les deux amants de l'Impératrice et récupérèrent l'héritier légitime, Zhongzong, qui monta sur le trône. Wu abdiqua et s'enferma au fond de ses appartements. Elle mourut de vieillesse, à 80 ans, quelques mois plus tard. L'ordre masculin fut rétabli.

Pourtant, il y eut un dernier soubresaut. L'épouse de l'Empereur, l'Impératrice Wei, décida de remplacer Wu Zetian. Aidée de sa fille (qui se voulait « héritière présomptive ») et d'une concubine de grand talent que Wu Zetian avait nommé scribe : la poétesse Shangguan Zhaorong, l'Impératrice s'arrogea des pouvoirs importants, tandis que la concubine promulguait des décrets. En 710, elle empoisonna Zhongzong.

Un neveu, Li Longji, poussa son père à se révolter. L'Impératrice Wei et ses partisans furent condamnés à mort. Puisqu'un nouvel Empereur avait repris le pouvoir, sa sœur, la princesse Taiping, tenta elle aussi de se mêler de politique. Li Longji démit son père de ses fonctions et s'octroya le trône en 712. L'année suivante, la princesse Taiping essaya une nouvelle fois de mener une rébellion. Elle échoua et obtint la clémence de se suicider.

Li Longji fut le célèbre Empereur Xuanzong. Cette fois-ci, les fonctionnaires confucéens purent dormir sur leurs deux oreilles : le matriarcat fut aboli, le patriarcat rétabli. Tout était rentré dans l'ordre sous le ciel.

C'est ce même Xuanzong qui ouvrit une ère de prospérité dans l'Empire. Tant du point de vue économique que du point de vue artistique. Malheureusement, il se laissa un peu déborder par les intrigues. Un certain Li Linfu s'arrogea nombre de pouvoirs, tandis que l'Empereur, lui, fut occupé par la rencontre avec la magnifique Yang Guifei (la Concubine Précieuse Yang). Elle était assez rondouillarde et elle lança la mode des femmes charnues. Cette passion entraîna l'Empereur dans des dépenses somptuaires. Certains pensèrent s'arroger encore plus de pouvoirs. En 755, l'un d'entre eux, An Lushan, fomenta une révolte militaire. L'été 756, Xuanzong dut fuir la capitale dans la panique. Et devant les réclamations de ses troupes, il laissa condamner à mort Yang Guifei, qui fut pendue. Le souvenir d'une dynastie matriarcale avait marqué les esprits, bien que la belle Yang n'ait jamais voulu jouer un rôle politique.

Un nouvel Empereur prit le pouvoir et Xuanzong mourut de chagrin en 762, reclus dans son palais. Cette histoire on ne peut plus romantique devint célèbre et on se souvient encore de la belle Yang Guifei.

Notons que, sous les Tang, l'expansion du Bouddhisme eut un effet inattendu. L'organisation de couvents, lesquels ne payaient pas d'impôt, fut un poids économique pour l'État. Et, socialement, les femmes qui refusaient de se marier, celles qui étaient répudiées, les veuves sans fils trouvèrent une heureuse échappatoire à leur avenir. Malheureusement, l'Empereur Wuzong ordonna donc la proscription du Bouddhisme en

La Fécondité

Fat Lady, statuette funéraire en terre cuite polychrome (*mingqi*), dynastie Tang (618-907).
Photographie : F. Gousset/archives J-L Estournel
La femme potelée, mode lancée par Yang Guifei...

845. Les monastères fermèrent et les religieux/ses durent retourner dans la vie laïque. Le Bouddhisme chinois s'en releva mais ne retrouvera jamais sa splendeur du temps des Tang. Les femmes perdirent une liberté de choisir elle-même leur destin. La société va évoluer vers une sorte de conservatisme à l'encontre des femmes. C'est au Xe siècle, au temps du règne du poète Li Yu (Empereur Houzhu) de la dynastie des Tang du Sud, que naquit une coutume étrange : le Lotus d'Or (*jin lian*), plus connu de nous sous le terme de « pieds bandés ».

Li Yu serait tombé amoureux d'une jeune danseuse, Yaoniang, qui dansait sur les pointes. Des bandelettes protégeaient ses pieds. La mode des petits pieds fut lancée. Qui eut l'idée d'empêcher la croissance des pieds féminins ? Nul ne le sait, mais elle fit fureur. Et les dames bien nées se mirent à bander les pieds des fillettes pour en empêcher la croissance. Ces minuscules pieds, enveloppés dans de petits chaussons, devinrent objets de fantasmes érotiques masculins et sources de la composition d'innombrables poèmes. Les souffrances étaient pourtant atroces. Les pieds bandés étaient réservés aux dames riches. Des dames, qui, ne pouvant marcher, restaient cloîtrées chastement chez elles. En l'occurrence, pas de pieds bandés, pas de beau mariage. Quant aux paysannes, obligées de travailler, il était hors de question qu'elles subissent cette torture. Certaines familles, sous la dynastie Ming (1368 – 1644) bandaient les pieds de leurs filles en espérant une ascension sociale.

Quand le riche mariage ne se faisait pas, les femmes aux pieds bandés se contentaient d'une union moins merveilleuse tout en étant obligées de travailler sans pouvoir marcher correctement. Signalons que la coutume resta chinoise, ce qui implique que lorsque les Mandchous instaurèrent la dynastie Qing (1644 - 1911), les femmes nobles mandchoues ne la subirent pas. En revanche, elles se rattrapèrent en chaussant des chaussures compensées en bois avec un bout pointu pour imiter les petits pieds. Ceci eut une autre conséquence. Les femmes s'arrêtèrent de danser et se consacrèrent au chant et à la musique. La révolte contre les pieds bandés commença au XIXe siècle. En 1902, un décret l'interdit sans vraiment de succès. C'est durant le XXe siècle et la Chine de Mao, que la coutume s'éteignit. Toutefois, on pouvait voir encore dans les années 80, en Chine communiste de très vieilles dames marchant à petits pas (et l'auteure de cet article en fut témoin à Pékin, en se promenant dans la Cité Interdite).

Après ces événements, sous la dynastie Song (960 - 1279), la pensée de Confucius fut relue et transformée par Zhu Xi (1130 - 1200). Il créa une sorte de mouvement intellectuel que l'Histoire nomme Néo-Confucianisme. Au-delà de la philosophie de Zhu Xi, que nous n'exposerons pas ici, il y eut une sorte de mouvement de société faisant de la pensée confucéenne une pensée moralisante et conservatrice, totalement défavorable aux femmes. Elles se retrouvèrent confinées dans leur foyer où elles étouffèrent dans une société patriarcale. Même si quelques femmes émergèrent pour leurs talents artistiques.

Le dernier soubresaut impérial féminin, de nouveau autoritaire, émana de l'ambition de l'Impératrice mandchoue Ci Xi (Tseu-Hi). Née en 1835, elle fut la concubine de l'Empereur Xianfeng. En 1861, à la mort de l'Empereur, elle devint Impératrice Douairière. Elle n'aura dès lors qu'un seul but : régner. Il lui suffira de gouverner à la place d'héritiers trop jeunes. Elle mourut en 1908, et la dernière dynastie de la Chine s'écroula en 1911.

Madame Mao, que l'on nomma l'Impératrice Rouge, fut le dernier avatar de cette lignée millénaire.

Le XXe siècle connut aussi quelques égéries, mais comment ne pas citer la plus célèbre, Jiang Qing (1914-1991), l'épouse de Mao ? Comme autrefois Wu Zetian, elle joua un rôle essentiel et dictatorial pendant la Révolution Culturelle. Et, comme elle, collectionna les amants. A la mort de Mao, en 1976, elle et la « Bande des Quatre », est arrêtée. Après un retentissant procès, elle finira en prison puis en résidence surveillée, ou elle se serait suicidée en 1991.

Madame Mao, que l'on nomma l'Impératrice Rouge, fut le dernier avatar de cette lignée millénaire de femmes chinoises qui chercha à prendre sa place dans une société ambivalente. Une société de type patriarcal mais qui, d'une certaine façon, joue sur une dualité *yin / yang*.

Une particularité chinoise, sur un rythme de balancier alternant entre le féminin du Taoïsme et le masculin du Confucianisme. Une société où l'homme cultive sa féminité et où la femme n'hésite pas à se montrer masculine. D'ailleurs, n'est-ce pas la seule civilisation où autrefois, les hommes déambulaient en robe et les femmes en pantalon ?

Eulalie Steens

CRITIQUES LITTERAIRES

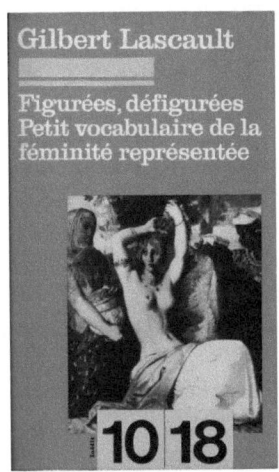

Figurées, défigurées. Petit vocabulaire de la féminité représentée
GILBERT LASCAUX
Paris, Union Générale d'Édition (UGE), collection 10/18, 1977

L'auteur de cet ouvrage impertinent est né le 25 octobre 1934. Cet agrégé de philosophie a enseigné l'esthétique et la philosophie de l'art à l'Université Paris-Nanterre, puis à la Sorbonne. Il a écrit dans de nombreuses revues d'art, fut un des protagonistes de l'émission « Des Papous dans la Tête » sur France-Culture, a participé à la réalisation de nombreux livres d'artistes. Il est également spécialiste du Surréalisme.

Ce livre remonte à 42 ans. Est-ce à dire qu'il serait démodé ? Après tant de combats féministes, ne serait-il pas devenu obsolète ? Eh bien non. Ce « dictionnaire ne vise pas à préciser et diffuser un savoir, mais à le morceler, à le brouiller, à refléter la confusion et à l'accroître ». Ces petites notices ne portent pas sur la féminité, ni sur le féminisme, ne prétendent pas non plus parler à la place des femmes ni pour elles. En fait l'auteur, un homme – et oui – s'est attaché à interroger le regard que les hommes, en Occident, ont porté sur les femmes. A partir de tableaux, de sculptures, en analysant des discours, il va à la rencontre des « images masculines de la femme ». Et de comprendre que ceci est un « instrument pour instaurer la haine entre les sexes, pour renforcer le pouvoir des classes dominantes, pour rendre les femmes plus malheureuses et par conséquent pour brimer aussi les hommes ».

Un dictionnaire, cela s'ouvre au hasard des pages et nous serons surpris ici de voguer d'entrée en entrée, par dizaines dont voici quelques unes : de Bains à Ceintures (qui évoque Serge Gainsbourg), à Continence de Scipion, Coupeuse de têtes, Dévidage de la Soie, Foire aux servantes, Jeanne d'Arc (qui renvoie à Pantalon), Kant (et ses sottises), Laideur (ah, le Père Ubu), Liberté exorbitante, Lubricités muséales, Maquillage, Pisser, Qualités d'absence, République, Suicidée de la société, Victime (une lecture d'Albert Camus)… Tout un programme impertinent.

Eulalie Steens

The Language of the Goddess
MARIJA GIMBUTAS
Thames & Hudson
New York, 1989
Reprinted 2006

En 2003, j'écrivais déjà sur Marija Gimbutas et ses recherches sur la culture Kourgane (mot indo-européen à relier à tous les St Gourgon, Dourdan, Gargan et finalement le Gargantua gaulois). A l'époque, je n'avais qu'une superficielle approche de ses études de diverses "Vénus" aux formes outrepassées, puis cet ouvrage majeur entra en ma possession (sans que j'aie l'occasion de citer à nouveau la regrettée M. Gimbutas). La préface – trop courte – est de l'immense Joseph Campbell, auteur de travaux sur les typologies des héros (se souvenir que George Lucas prétendit l'avoir lu, avant de scénariser).

Rappelons que de petits cris misérables s'élèvent encore pour dire : « Mais on ne sait pas si c'était pour un culte, ou si c'était seulement pour une déesse » avec des : « C'est simplement la vision d'une femme enceinte sur elle-même, et la vue de femmes se voyant déformées ». Ces gémissement pitoyables, ces objections ordurières, sont balayées avec une sereine puissance par cet ouvrage complet dans son propos (même s'il reste toujours à dire)

Oui, les Vénus font partie d'un ensemble intégré et continu d'expressions touchant les décors, les plans architecturaux, et en somme tout ce qui nous est parvenu depuis la fin du paléolithique. Il s'agit d'une vision globale touchant à la vie, et donc à la fécondité, y compris chez les chasseurs (avant l'agriculture et le grain si précieux). Le "Langage de la Déesse" est alors formidable, universel, s'exprime par création (chakra 2) pour parler de procréation (autre fonction du chakra 2), et fort simplement de la vie (et de la mort). S'il ne s'agit pas d'une déesse, d'une figure qui dépasse tout, mais alors quel sens donnera t-on à des expressions péri-cultuelles comme les Cathédrales, ou les amas de peintures religieuses du millénaire passé ?

Un livre d'ethnologue ? Loin de là ! Le propos, immense, aborde le *de nos jours* et la survivance du langage de la déesse, à propos par exemple des dames blanches ou des sorcières. Tout un propos vaste, étonnant, renversant les paramètres, abaissant les œillères, le tout en 400 pages denses, avec une profusion incroyable d'illustrations documentaires (qui mirent 4 ans à être toutes collectées). Un livre à déguster (c'est en anglais, mais pas trop compliqué) pendant des semaines, pour saisir d'où nous sortons (sans plaisanter) et combien maman nous veut du bien… Comprendre ? certains voudront de ne pas savoir : la haine du père est tellement énorme qu'elle est devenue la haine de la mère !

Charles Imbert

La ronde des folles -Femme, folie et enfermement au XIXe siècle
YANNICK RIPA
Paris, Éditions Aubier, 1986

Yannick Ripa est une historienne, née en 1954, professeure à l'Université Paris VIII. Elle collabore régulièrement au quotidien Libération. Elle est membre du laboratoire de recherche Labex EHNE (Ecrire une Histoire Nouvelle de l'Europe) et de l'UMR (Unité Mixte de Recherche) SIRICE (Identités, Relations Internationales et Civilisations de l'Europe, à la Sorbonne).

La ronde des folles fut son premier ouvrage (objet d'une thèse de doctorat). Il présente d'une façon très claire et très documentée une situation particulière, celle des femmes au XIXe siècle qui sombrent dans la folie. Mais, sur ce thème, les questions se posent immédiatement par rapport à la condition féminine de l'époque.

En fait, on comprend assez vite que les causes d'internement des femmes sont différentes de celles des hommes. La naissance officielle de l'asile remonte à 1838. La loi prescrit la création dans chaque département d'un établissement public destiné à soigner les aliénés. Il existe deux modes de placement : le placement privé, demandé par un tiers avec appui médical et le placement d'office, par décision préfectorale (soutenu aussi par un médecin). Quelque part, il s'agit de protéger la société. Et l'on constate que la médecine aliéniste est liée à la religion, la morale et la police.

A Paris, la Salpêtrière est le lieu le plus connu. En 1840, elle s'étend sur 31 ha et compte 4.000 personnes (avec le personnel). Les femmes internées le sont par réaction à un contexte social. La femme est censée être fille obéissante, épouse soumise, mère exemplaire. Que se passe-t-il lorsqu'un grain de sable vient se mettre dans ce rouage ? La célibataire, cantonnée dans des professions limitées, peut tomber dans l'indigence, de même que la veuve sans argent. Ces démunies errent dans les rues. La société ne peut les accepter. Le délit de vagabondage conduit à l'internement. De même, la femme bafouée qui veut se venger de son mari. La colère, les cris ne sont pas de mise : cette femme est forcément folle.

La mère qui a perdu un enfant ne peut elle aussi que perdre la raison. La prostitution est considérée comme une tare originelle résultant de données physiologiques. De la femme prostituée, on glisse vers l'érotomane… Que dire de cette Camille qui a osé s'afficher avec un homme âgé de moins de 20 ans qu'elle ! Quant à la politique, il est inqualifiable qu'une femme puisse avoir des opinions : une certaine Gislaine, en 1854, osa s'exprimer en jetant une pierre sur le carrosse impérial… Une folle, forcément. Toutes seront internées. On en a même vu qui l'ont été car dé-crétées folles pour « excès de travail intellectuel »…

Quant aux soins, parfois barbares, ils n'ont que

pour but de remettre la femme à la place que la société lui a octroyée. Et surtout, de redresser ce corps qui n'obéit pas aux normes. Le problème de l'aménorrhée par exemple, fut une véritable obsession des médecins aliénistes. Il faut lire ce livre qui nous renvoie comme un miroir au passé de nos arrière-grand-mères. Et qui nous fait sans doute mieux comprendre l'évolution du XXe siècle. Et l'auteure de conclure : « La science aliéniste, appliquée aux femmes, est à sa naissance une médecine coercitive. Il y a fort à parier qu'un tel départ a influé sur les orientations futures de la psychiatrie, voire de la psychanalyse. »

Eulalie Steens

The Language of MA
The primal mother
ANNINE VAN DER MEER
A3 boeken, Geesteren, 2009.

Encore plus beau, encore plus gros (600 pages, et format supérieur) que *The Langage of the Goddess*, chroniqué par Charles Imbert, cet ouvrage d'Annine van der Meer lui a été offert par une amie néerlandaise, (c'est aussi en anglais), et il me l'a confié pour que j'en fasse un compte rendu.

L'hommage envers le travail de Marija Gimbutas est tout de suite perceptible : même format en homothétique, mêmes couleurs marron sombre pour la couverture, ornée d'une sculpture de femme paléolithique. L'impression de similarité se poursuit en compulsant les pages intérieures, qui cette fois incluent la couleur pour les nombreuses et riches illustrations. C'est un très beau livre fait avec cœur et passion (par "beau livre", n'entendez pas un recueil d'images, c'est tout sauf ça).

Et le propos est le même, simplement the Goddess est devenue "Ma", la primal mother. "Déesse", ça risque toujours de faire peur, ce n'est pas vendeur, et puis ça évoque les superstitions, tout ça, vous voyez, la crouayance, quoi. Alors que dire de plus ? Plus Grand, plus beau, plus lourd ?

Les bornes sont posées : l'enquête prolongeant le travail de Marija Gimbutas couvre 40.000 ans, jusqu'à... *aujourd'hui*. Autrement dit, ça reprend (bien sûr) *The Language of the Goddess*, et ça le prolonge avec de nouveaux travaux, de nouvelles références, aperçus transverses et considérations nouvelles. Et ça ne parle pas d'Art, certes, mais de sociologie. De sociétés où il n'y avait aucune raison qu'un "sexe" prime sur l'autre, dès 30.000 ans avant l'invention (au néolithique) de la pyramide sociale. Ce livre parle d'expressions symboliques et naturelles, abstraites et concrètes, et d'un langage quasi archétypique et invariant, tout autour du globe. Vous aurez ainsi une enquête, entre autres, sur la "lost lady of Israël", la petite amie de Yaveh, par exemple (Annine van der Meer est historienne des religions, et théologienne à l'Université d'Utrecht). Notre auteure semble dater (je n'ai pas tout lu !) l'émergence de l'oppression masculine de l'âge du fer (je n'ai pas repéré son étude du statut de la femme chez Homère à l'âge du bronze, lu à l'âge du fer)... Après tout, la planète alchimique du fer, c'est Mars...

Bref, si vous vous intéressez ou sympathisez aux problématiques féminines, c'est un ouvrage de base et de fond. Une quarantaine d'euros que vous ne regretterez pas d'avoir dépensée.

Eric Hermblast

ANAÏS NIN PAR ELLE-MÊME
ROBERT SNYDER
Editions Stanké, Montréal, 1977

Cet ouvrage recueille les derniers mots d'Anaïs Nin. Non par le biais de l'écrit, mais par celui d'en-trevues filmées données par elle-même à Robert Snyder, lequel réalisa un film intitulé *Anaïs Nin Observed*. Il s'agit donc de la dernière apparition publique d'Anaïs Nin, qui décéda le 14 janvier 1977.

Anaïs Nin, d'origine cubaine, naquit en France le 21 février 1903. Toute jeune adolescente, quand son père quitta sa mère, elle suivit celle-ci (avec ses deux frères) à New York. C'est à ce moment que commence son Journal, une sorte de longue lettre écrite à son père. Ce Journal se prolongera toute sa vie. Après son mariage avec Ian Hugo, elle retournera à Paris. Il habiteront à Louveciennes. Anaïs Nin y commencera sa carrière d'écrivaine et découvrira la psychanalyse avec Otto Rank. C'est ensuite en Californie qu'elle se fixera et mourut. Côté vie privée, elle eut des relations passionnées, dont une devenue célèbre avec Henry Miller et son épouse June.

Anaïs Nin, auteure de nouvelles, de poèmes et d'œuvres érotiques, puisa son inspiration dans sa vie amoureuse et ses rencontres artistiques. Son Journal est devenu son œuvre. Il fait corps avec elle. Et ses écrits en firent une des plus célèbres écrivains américains. Parce qu'il est le parcours d'un être humain dans le monde artistique du XXe siècle mais aussi celui d'une femme passionnée par la vie et les autres.

Cet ouvrage de 176 pages propose un ensemble de confidences où Anaïs Nin se livre sans façon, avec une délicatesse émouvante. Et surtout, il est aussi un magnifique album de clichés en noir et blanc. Des documents d'archives bien sûr, mais aussi des photos extraites du film. Un livre-hommage posthume que tout amoureux/euse d'Anaïs Nin se doit de garder précieusement.

Eulalie Steens

MÈRES- FILLES, UNE RELATION À TROIS
CAROLINE ELIACHEFF &
NATHALIE HEINICH
Paris, Albin Michel, 2002
(Le Livre de Poche, 2004)

Caroline Eliacheff est la fille du producteur de cinéma Anatole Eliacheff et de l'écrivaine et femme politique Françoise Giroud. Elle fut l'épouse de Robert Hossein avant de se marier au producteur Marin Karmitz. Cette filiation peut expliquer pour-quoi cette médecin, spécialiste en psychiatrie infantile, également psychanalyste, publia de nombreux ouvrages tout en ayant commis quelques scénarios de cinéma. Elle préside l'association *La Cause des Bébés*, a dirigé le centre médico-psychologique d'Issy-les-Moulineaux après avoir travaillé à Paris, à l'Hôpital Necker.

Nathalie Heinich, fille de journaliste, est titulaire d'une maîtrise de philosophie et Docteure en sociologie. Elle est actuellement Directrice de recherche au CNRS, tout en ayant occupé diverses chaires d'enseignement en Europe. Son travail est ciblé sur plusieurs axes, notamment sur la sociologie de l'art contemporain et sur l'identité féminine. Elle est l'auteure de plus d'une trentaine d'ouvrages (parfois en collaboration avec des psychanalystes, juristes et philosophes).

Les deux auteures se sont intéressées à un sujet particulièrement délicat, difficile et... épineux : les relations mère-fille. Non pas LA relation mais les relations. Et, surtout, bien sûr les relations difficiles. D'ailleurs, y en-a-t-il des faciles, se posent-elles la question en fin de discours. Et dans ce cas, qu'elle est la magie de leur fonctionnement, qui d'ailleurs peut ne pas non plus se révéler si positif qu'on ne l'imagine ? Telle est aussi la question, qui ne trouve pas de réponse. En analysant non pas des cas de patientes, mais en prenant en exemple des héroïnes de romans, de films ou de pièces de théâtre, les deux auteures remarquent qu'il existe plusieurs relations, à divers degrés. Il y a les femmes qui sont plus mères que femmes, celles qui sont plus femmes que mères et celles qui ne sont ni vraiment mères, ni vraiment femmes ou qui changent d'attitude au gré des événements. Et puis, il y a aussi les mères-extrêmes, les jalouses, les supérieures, les injustes, les défaillantes, les confidentes, les marieuses, etc. Les réactions ne sont pas forcément identiques en fonction de l'âge de la fille : enfant, adolescente, adulte. Pour toutes les femmes devenues mères, le parcours peut être laborieux tant pour la femme qui se construit dans ce rôle, comme pour l'enfant qu'elle met au monde. La majorité, à un moment donné, deviennent intrusives, parfois jusqu'à la destruction de leur fille. Trop d'amour ou pas d'amour peuvent tout autant tuer.

Et quelle est donc cette relation à trois ? En fonction de la relation par rapport au père, ce peut être la mère elle-même, le père ou la fille. Car la difficulté pour toute petite fille est que, pour être elle-même, elle doit se différencier d'une personne qui est du même sexe qu'elle. Elle ne doit pas se construire contre sa mère mais comme et avec sa mère. Il n'est pas aisé d'être la fille de sa mère, ni de devenir mère à son tour. Parfois, en ne devenant pas mère, la femme trouve une échappatoire.

Ce livre est rare, car la méconnaissance des problèmes identitaires propres aux filles fait que la psychanalyse passe souvent à côté de certains problèmes relationnels. Tout le monde devrait lire ce livre. Les hommes pour découvrir un monde qu'ils ne soupçonnent pas, les femmes, pour se déculpabiliser d'une relation difficile avec une mère dont il a fallu se détacher. **Eulalie Steens**

LES FEMMES ET LA RÉVOLUTION, 1789 – 1794
PAULE-MARIE DUHET
Paris, Julliard, *Archives*, 1971

Ce petit ouvrage, doté d'un cahier central iconographique, fut rédigé par une sociologue et angliciste, Paule-Marie Duhet. L'idée de ce travail est de rassembler les informations concernant le rôle des femmes durant les premières années de la Révolution Française.

Après avoir évoqué le XVIIIe siècle, ses salons littéraires, ses clubs francs-maçons, l'auteure commente l'amorce de la réflexion féminine en cette fin de Siècle des Lumières. Question : réflexion sur quel thème ? Justement, sur la condition féminine. On relève par exemple le nom de la lectrice de Louis XVI, Madame Gacon-Dufour, qui avait rédigé un Mémoire pour le sexe Féminin contre le sexe Masculin (1787). Puis, lors du moment de la rédaction des cahiers de doléances, les femmes tentèrent de prendre la parole, mais, comme nombre de métiers leur sont fermés, il n'y aura que deux députations d'ouvrières à l'Assemblée du Tiers-Etat : celle des marchandes de poissons et celles des fruitières. En revanche, certaines contribuables, comme les marchandes de mode ou les fleuristes monteront tout de même au créneau. Ces premières contestatrices réclament notamment le droit à l'éducation.

Le mouvement est lancé. Les femmes s'activent, on en voit combattre lors de la prise de la Bastille. On cite le nom de ces nouvelles héroïnes dans les gazettes de l'époque. Elles seront dorénavant présentes lors de tous les événements historiques. D'autres proposent des textes de revendications à l'Assemblée Nationale. Suivront deux grands manifestes féministes l'un d'un homme, Condorcet (juillet 1790) l'autre d'Olympe de Gouges (automne 1791). Bientôt viendra le temps des désillusions.

Cet ouvrage extrêmement bien conçu nous donne un excellent panorama de la situation des femmes de cette époque. Facile à lire, plein d'anecdotes, on y découvre des portraits de femmes qui ont marqué notre Histoire. **Eulalie Steens**

LES FEMMES DANS L'ANCIENNE ÉGYPTE
JOYCE TYLDESLEY
Paris, Rocher, *Champollion*, 1998

Une très courte critique ? Un super livre, aisé à lire, documenté, complet, car portant sur toutes les femmes, humbles et / ou puissantes, de -3000 jusqu'aux Ptolémées, par une docteure d'Oxford spécialiste des femmes dans l'Égypte ancienne, auteure de biographies de Nefertiti ou Hatshepsout. A acheter yeux bandés. **Michel Barster**

CHARTE DES CONTRIBUTEURS

La Revue *Un Temps* est constituée d'articles spécialement rédigés dans le cadre des thèmes annoncés. La participation d'auteurs extérieurs peut s'accepter sans que quiconque se voie associé ou impliqué.

I Contributions

1 – Tout être humain peut contribuer à Un Temps en proposant des textes ou des images, réputés non sollicités ou commandés, dans le respect des autres contributeurs, et de l'image de la revue. Il ne devra pas être introduit de mensonge, basse propagande, ou expression contraire aux Lois, coutumes, us et politesses (liste non limitative). Si malgré la vigilance, l'attention et la censure responsable du Comité de Rédaction de Un Temps, des contenus litigieux venaient à être publiés, leur auteur en resterait seul aux conséquences, la rédaction ne s'associant pas forcément à la défense d'opinions externes gentiment publiées.

2 – Chaque texte est soumis au Comité de Rédaction qui vérifie l'application des présentes consignes. Le Rédacteur en chef pourra demander aux auteurs d'éventuelles corrections.
Dans un souci de cohérence, chaque article pourra être présenté, voire commenté, par l'équipe rédactionnelle.

3 – Le Comité de Rédaction détenant toute Autorité (mot bâti sur rite, voulant dire mise en ordre, et auto, c'est nous) sera Souverain Décideur sans appel sur les contenus proposés et n'aura pas à motiver ses refus Soyons d'abord bien d'accord.

4 – Les contributions peuvent se faire sous forme d'article ou de rubrique. Il existe quatre sortes de contenus :
a) Les Articles de fonds en rapport avec le thème du numéro, en général annoncé dans le(s) n° précédant(s).
b) Les petits textes critiques entrant dans la rubrique Actualité et la rubrique Critique Littéraire.
c) Sur demande, une parution à la section « Expression libre » (qui peut accueillir les avis, articles et critiques d'invités)
d) Des Interviews de personnalités culturelles notables ou représentatives du mouvement des idées.

II Spécifications techniques

5 – Il est impératif de respecter la longueur imposée des articles : 8.000 à 30.000 signes, espaces compris, pour les articles, 5.000 à 10.000 signes, espaces compris pour les rubriques. Chaque longueur sera précisée en concertation, en fonction du contenu prévu du numéro.

6 – Les images devront être adressés dans un dossier séparé, avec une définition de 300 dpi (pixels par pouce, traduction de dot per inch –dpi). Elles devront indiquer la source et l'auteur du document. Sachez qu'une copie mécanique reste une copie et que le Droit tolérant de moins en moins les abus de copies, une image non libre de droits sera refusée.

7 – Les délais de remise des textes sont impératifs car ils engagent toute la chaîne de fabrication. Tout article non parvenu à temps dans les délais annoncés s'expose à ne pas être publié.

8 – Chaque texte doit être signé, daté, envoyé à Eclosion, à l'adresse : postmaster@eclosion-shop.fr sous forme de fichier PDF ouvert avec indication claire des places des illustrations, chapeaux, inters, éléments souhaités. Le cas échant, le format Word97 ou le texte de mail brut suppléeront.
Les mots en majuscules, les doubles espaces, doivent être évités. Les citations doivent être entre guillemets.
Des intertitres sont souhaitables pour faciliter la lecture et relancer l'intérêt. Au cas où ils ne figureraient pas, la Rédaction se réserve le privilège d'extraire des portions de texte pour en créer des inters.
Une bibliographie succincte peut être jointe. Chaque citation ou renvoi d'ouvrage doit être sous la forme consacrée par les usages : *Prénom de l'auteur, nom, titre de l'ouvrage en italique, éditeur, lieu et année de parution.*

Un article ne respectant pas ces points risquer de passer après un article les respectant (ou de ne pas passer).

III Obligations

9 – Eclosion, le label sous lequel est publié Un Temps, enverra à chaque contributeur un exemplaire de la revue dès qu'elle sera disponible.

10 – Chaque contributeur pourra d'acquérir jusqu'à 30 exemplaires de la revue à prix de réserve + frais d'envoi (voir avec Eclosion pour ces points), et fera son affaire de la revente et de

l'écoulement desdits exemplaires, sachant qu'il est indiqué un prix de vente public de 12 €. Tout exemplaire en sus de ces 30 exemplaires sera facturé 9€ au contributeur.

11 – Chaque contributeur externe accepté et publié aura droit à un espace libre d'une demi-page pour une publicité pour ses œuvres, ouvrages ou proclamation(s). Hélas, l'odieuse censure du Comité de Rédaction sera là aussi prépondérante et capable de refuser un contenu. Au bout de trois refus de contenu, l'espace libre sera réputé avoir été consommé, en même temps que la patience des censeurs. Il convient donc de bien s'entendre, et d'être de bonne foi, avant de se lancer dans toute démarche risquant d'aboutir à une impasse.

IV Bon goût

Responsabilité

12 – L'expression des auteurs est libre, donc mature et responsable. Les textes doivent s'inscrire dans l'esprit du thème et dans les limites du sujet traité.

En cas de désagrément et volonté de réagir contre un article publié dans la revue, il sera offert au contributeur froissé une possibilité de courte réponse exprimant son désaccord motivé, une fois et une seule, sous la forme d'un texte de réponse n'excédant pas une demi-page de la revue. Tout désaccord supplémentaire devra être réglé directement entre contributeurs. Le cas échéant, la rédaction se réservera le droit de publier une mise au point concluant sur le débat.

En cas de répétitions ou de redondances, aléatoires et indépendantes des volontés, chaque contributeur devra faire son affaire des éventuelles démonstrations d'antériorités ou discordes.

Censure immonde

13 – Tout article proposé peut être victime d'un refus définitif, même après concertation(s) sur la modification d'un point litigieux. L'indisposition totale d'un des responsables de la revue peut aussi être un cas de censure sans appel. Au cas où il y aurait eu promesse que l'article passera, et qu'il ne passe pas, le contributeur déçu en fera son affaire personnelle.

Niveau

14 – La première qualité d'un auteur est d'être compris par ses lecteurs. Ce souci de clarté doit inciter à rechercher la simplicité dans le style et dans les mots. Même si le succès vient couronner une publication, ceci n'ouvrira pas droit à lancer des ukases, exiger, dicter; se prendre pour un Directeur quelconque ou laisser peser ou menacer des comportements de star.

Sérieux

15 – Les exposés compilateurs et recopieurs arides ne sont pas du tout encouragés. Les erreurs, volontaires ou involontaires, ne déclencheront pas l'amusement de qui que ce soit. La réflexion personnelle, le témoignage, le ressenti et la prise de position mesurée sont toujours préférables à la citation d'Internet, et de sites qui pompent et se recopient déjà assez eux-mêmes. Ainsi, l'emploi du « je » est encouragé mais non exigé.

Citations – Icônographie

16 – Toujours tenter d'attribuer les sources et précédents à leurs auteurs. Réaliser ou faire réaliser ses propres schémas. Pensez à votre propre crédibilité et réputation.

Tolérance

17 – Les contributeurs accepteront qu'Eclosion, structure éditrice de Un Temps, prenne des pages de publicité dans la Revue et y étale des réclames pour les ouvrages qu'elle édite ou les contenus qu'elle publie ou fait paraître sur quelque support que ce soit.

V Propriété

18 – Comme pour de très nombreuses revues aux contributions bénévoles, chaque contributeur doit et est censé savoir que sa contribution est gratuite, et qu'il cède à Un Temps et à Eclosion ses droits sur ses textes et images pour reproduction et exploitation, à l'exemple de ce que font les autres contributeurs de la revue (et de ce qui sefait par usage).

19 – Un Temps et Eclosion pourront reprendre des articles, textes, extraits, pour les republier dans des recueils, anthologies, publicités, de nature à assurer le succès de la revue et de sa publication.

VI Réserve

20 – Toutes dérogations pourront être apportées et stipulées à cette charte par Contrat, dûment rédigé et passé entre le Contributeur et Un Temps et Eclosion, ce Contrat prenant le pas sur les présentes stipulations.

21 – Cette charte pourra être révisée sans préavis, celle publiée dans le n° à la date de son bouclage technique devenant valide à la place de la précédente.

Le Comité de Rédaction de Un Temps.

« Pour le Tantra, chaque femme, aussi banale soit-elle, incarne la Déesse, la femme absolue, la Mère cosmique. À ces mots, plus d'un homme, haussant les épaules, n'y verra qu'une figure de style. En effet, comment peut-on voir dans chaque femme côtoyée une Déesse, au sens total du mot ? Or, pour le Tantra, percevoir concrètement l'aspect divin de chaque femme est un préalable à cette union sexuelle sacrée... mais comment est-il possible de voir la Déesse cachée dans chaque femme ? Le Tantra nous propose un premier moyen : considérer la relation du nouveau né avec sa mère. Sorti de son ventre, il fait encore partie de sa chair et il lui faudra des mois, voire des années, avant qu'il ne soit, sinon séparé d'elle, du moins autonome. Or, dans l'univers enchanté de l'enfant, dont maman est le centre, elle est la femme idéale. Soyons délibérément méchant : imaginons-la laide et bête, acariâtre. L'enfant la voit-il ainsi ? Que non ! Pour lui, sa mère est beauté, bonté, amour incarnés, en un mot, elle est Déesse ; parfaite, elle sait tout, elle ne peut mentir. Ce n'est que beaucoup plus tard, qu'il découvrira la femme « réelle », banale, anecdotique, avec ses défauts, ses bigoudis, et parfois son mauvais caractère. Pour nous, adultes « raisonnables », seule cette dernière est « réelle » et vraie, tout le reste est littérature. Alors, la Mère divine du bébé est-elle une illusion tout juste digne de l'imagination enfantine ? Pour le Tantra, ce n'est pas l'adulte qui a raison, mais bien l'enfant, parce qu'au-delà des apparences, il perçoit la Réalité ultime, la Mère divine, la Vie cosmique incarnée dans la mère « réelle », concrète. L'autre voie d'accès à l'Absolu caché dans la femme est bien agréable. Il suffit d'être amoureux. » (André Van Lysebeth, *Tantra, le culte de la féminité*, Flammarion, 1988 – cité par Jean-François Henry dans son *Anthologie non exhaustive d'un savoir irrationnel*, diffusion personnelle, 2018-2019).